Abenteuer
ESKAPADEN
AUSZEIT
AUSGLEICH
Raus mit dir!
LÄCHELN
STADT.LAND.
FLUSS.
ENDLICH
FREE
ERLEBEN
FEIERABEND!
BLAU
kleine
Fluchten
Wege
Lebensfreude
NATUR
GLÜCK
von Diana-Isabel Scheffen

DAMPF ABLASSEN

PLAUDERN UND GENIEßEN

HORIZONT ERWEITERN

ABENTEUER IN SICHT

LIEBE LESERIN, LIEBER LESER,

es ist ein wunderbares Glücksgefühl, das einen zuweilen beim Entdecken neuer Orte durchströmt. Es macht den Kopf frei und inspiriert. Gerade nach einem langen Tag im Büro ist die Sehnsucht nach Grün und frischer Luft groß – und solche Oasen kann man auch in einer Großstadt wie Köln finden. Ein wenig abseits der ausgetretenen Pfade unterwegs zu sein ist belebend und erweitert den Horizont; ob auf kulturellen, sportlichen, entspannten oder ungewöhnlichen Entdeckungsreisen. Und wer weiß: Vielleicht findet man hier die Aktivität, die das Potenzial zur neuen Lieblings-Feierabend-Beschäftigung hat!

Viel Vergnügen beim Lesen und Entdecken wünscht

Diana Scheffen

PS: Übersichtskarten und Infos zum Download von Tourdaten gibt's ab Seite 224.

AUSZEIT.
ABENTEUER.
LEBENSLUST.

DAMPF ABLASSEN

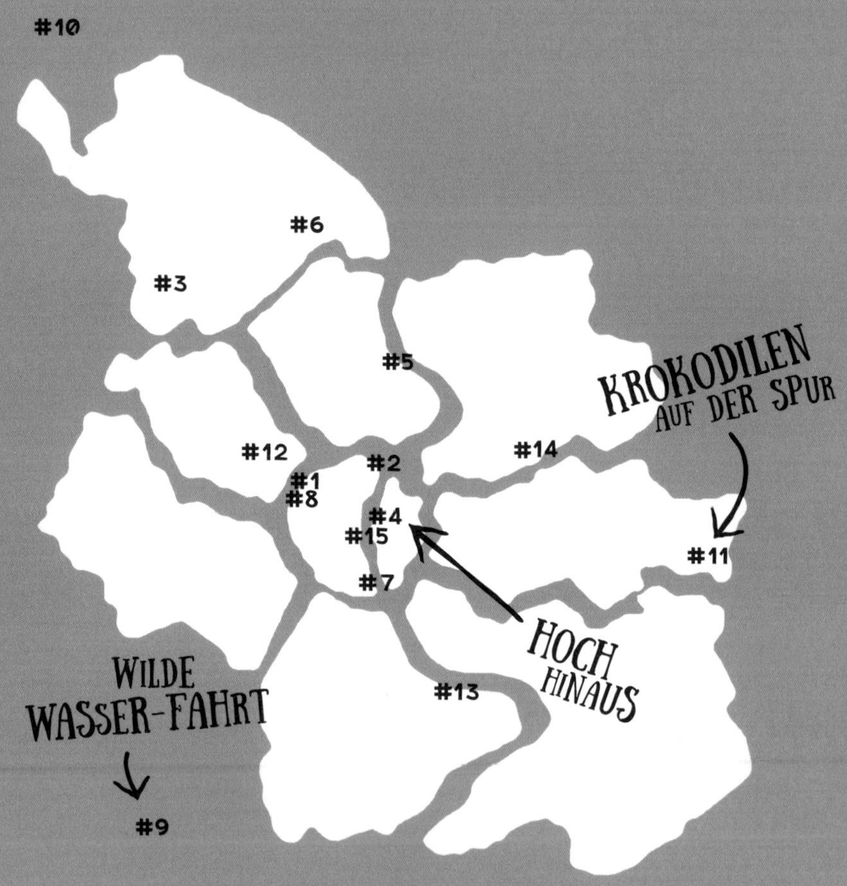

Alternativen zu Boxsack & Yogamatte

Klettern mit Domblick, Balanceakte auf Slackline und SUP-Board ausführen oder aktiv sein als Kufen-Künstler – abwechslungsreich den Alltag abschütteln!

ALLES GRÜN

... entlang des Inneren Grüngürtels

Sie träumen von der »Grünen Welle« – all die Autofahrer, die tagein, tagaus in und um Köln im Stau stehen. Um wenigstens nach Feierabend den Traum von Grün genießen zu können, bietet sich dieses besonders attraktive Stück des Inneren Grüngürtels an.

Seltsam, dieses Basketballfeld etwa auf Höhe der Venloer Straße am Inneren Grüngürtel. Es war ursprünglich nicht als solches geplant worden, das ist augenscheinlich. Und dann dieser diagonal verlaufende Verbindungsweg zu einer anderen asphaltierten Fläche. Dort ist ein Tennisfeld eingezeichnet und ein Netz wurde aufgestellt. Die ungewöhnlichen Abmessungen in dem einen Fall und der ungewohnte Untergrund in dem anderen tun der Spielfreude keinen Abbruch, sommers wie winters wird der eine oder der andere Ballsport betrieben. Was ist des Rätsels Lösung? Dort, wo heute Basketball gespielt wird, sind einmal Hubschrauber gestartet und gelandet: Hier war von 1953 bis 1966 ein Heliport der belgischen Fluglinie Sabena, von dem aus Passagiere nach Brüssel gebracht wurden, um von dort in die Vereinigten Staaten weiter-

Manche Basketballspieler springen so hoch, dass es aussieht, als könnten sie fliegen – da passt es gut, dass hier auf einem ehemaligen Hubschrauberlandeplatz gespielt wird.

fliegen zu können. Sogar der Nikolaus ist hier in den 1950er Jahren einmal gelandet und hat damit bei den Kindern sicher für kugelrunde Kulleraugen gesorgt.

Erwachsene können diesem Gefühl heute bei einem Feierabend-Spaziergang entlang des Inneren Grüngürtels nachspüren. Kaum ein Sommerabend, an dem man nicht Skurriles, Lustiges oder Neues entdecken würde. Hier werden neue Trendsportarten ausprobiert – noch bevor irgendjemand ahnt, dass es eine Trendsportart werden wird. Die Artistik-Vorstellungen auf den Wiesen rauben einem manchmal den Atem; anderswo würde hierfür Eintritt verlangt werden. Die extra für Fans des Balancesports auf der Slackline und zum Schutz der Bäume aufgestellten Slackline-Pfosten sind häufig umringt von Schaulustigen, weil die Vorführungen so professionell sind. Es wird jongliert und gehüpft, gesungen und gelacht.

Und so nutzt man dieses Stück Natur mitten in der Stadt nach Feierabend ganz nach eigenem Gusto und Gemütslage – ruhig und meditativ oder gesellig und aktiv. Der neugestaltete Wasserspielplatz direkt beim ehemaligen Hubschrauberlandeplatz kann nicht nur im Sommer genutzt werden. Der federnde Boden eignet sich für die verschiedensten Sportübungen. Am Kiosk kann man sich mit Getränken und Eis versorgen. Nur ein paar Schritte weiter liegt ein Trimm-dich-Pfad mit Trampolin. Gehend, joggend oder fahrradfahrend erreicht man den Aachener Weiher. Das Stück bis zur Uni sollte man unbedingt auch noch zurücklegen, der Weg führt durch eine wunderschöne Allee.

FAZIT: GRÜN, GRÜN, GRÜN – SIND ALLE MEINE FEIERABEND-FARBEN!

Hin & weg: Bahnhof Köln West.

Beste Zeit: Frühling.

Dauer & Strecke: Je nach Lust und Laune 1–3 Std., 2,4 km.

Ausrüstung: Sportbekleidung, Sportschuhe.

Übrigens: GPX-Download auf Seite 229.

VON SKULPTUR ZU SKULPTUR

... links und rechts des Rheins

#2

Die links- und rechtsrheinischen Kölner sind sich nicht immer grün. Sie buhlen um interessante Orte und Veranstaltungen. Doch zumindest in puncto Skulpturenparks steht es unentschieden.

#grüneLungen #Freiluftmuseen #künstlerischeEntdeckerlust

Spannende Perspektivwechsel durch geschickt gestaltete Sichtachsen erzeugt Sou Fujimoto mit seiner »Garden Gallery« aus dem Jahr 2011.

Berührungsängste mit Kunst überwinden – möglich wird das im rechtsrheinischen Stammheimer Schlosspark. Berührung ist dabei sowohl sinnbildlich als auch im wörtlichen Sinn zu verstehen. Wo man normalerweise mit Kunst in Berührung kommt, im Museum, gibt es strenge Regeln. Eine intensive Auseinandersetzung ist erwünscht, eine Berührung und damit ein »Begreifen«, meistens nicht. Die Möglichkeit zur Berührung und damit zur Interaktion macht hier den Unterschied – und natürlich, dass die Kunst unter freiem Himmel und in einer Umgebung präsentiert wird, wie sie schöner kaum sein könnte: große Wiesenflächen, alter Baumbestand, direkte Rheinnähe. Einige Künstler binden ihre Werke so eng in die Gegebenheiten des Parks ein, dass man sie nur bei genauerem Hinsehen zwischen den Blättern entdeckt. Durch diese Suche wird der Blick gelenkt: hoch in die Wipfel, in entlegene Ecken.

Der Park bietet sich an für fantastische und reale Entdeckungsreisen, der Besuch ist pure Inspiration und lässt die Möglichkeit für Müßiggang dennoch nicht außen vor. Bänke

stehen bereit – aber Obacht, nicht alle sind als Sitzgelegenheiten geeignet, einige davon sind Kunstwerke. Aber da ist sie wieder, die Berührung und die Gelegenheit, sich berühren zu lassen. Die Werke dürfen angefasst werden, man darf sie spielerisch erkunden, das Material erfühlen. Jedes Jahr zu Pfingsten werden Werke ausgetauscht. Anfangs stellten hier regionale Künstler aus, inzwischen sind es Künstler aus aller Welt. Die Initiative Kultur Raum Rechtsrhein macht sich besonders um den Schlosspark verdient.

Dagegen hört man im linksrheinischen Skulpturenpark häufig die Frage »Wo, bitte, sind die Spiegeleier?«. Fans des Kunstwerks von Pedro Wirz hoffen auf seine Rückkehr. Die wird es vorerst nicht geben, doch dafür lassen sich zahlreiche andere Skulpturen entdecken. Alle

Die Symbiose von Kunst und Natur bei den Werken von James Lee Byars (links, 1989) und Mauro Staccioli (rechts, 1999).

zwei Jahre werden bei der Ausstellungsreihe KölnSkulptur einige der etwa 40 Kunstwerke ausgetauscht. Ein paar wenige sind jedoch vom Austausch ausgenommen, sie sind hier fest verwurzelt: natürlich oder eng mit der Natur verbunden. So etwa »Spur«, ein wildwuchernder Grünstreifen, von Lois Weinberger sowie »Lonesome George« von Ayse Erkmen. Hierbei handelt es sich um das Denkmal für eine inzwischen ausgestorbene hawaiianische Baumschnecke. Lange hatten Forscher versucht, eine Partnerin für die Schnecke George zu finden – leider ohne Erfolg. Die Künstlerin weist mit ihrer Arbeit auf das Artensterben hin; allerdings ist diese inzwischen auch verschwunden und zu einem unsichtbaren Kunstwerk geworden. Erkmen befestigte ihre Bronzeschnecke mithilfe einer Schraube an einem Baum – und der Baum ummantelte sie, heilte seine Verletzung, indem er sie in sich einschloss. Glücklicherweise wurde dieser ungeplante Prozess, eher nebenbei, fotografisch dokumentiert. Die Schnecke ist also gleich zweimal verschwunden – trotz aller Versuche, sie zu erhalten.

Einige der Kunstwerke sind interaktiv. Die meisten aber sind, anders als im Stammheimer Schlosspark, für die optische oder die auditive Wahrnehmung gedacht, Schilder weisen auf den jeweils erlaubten Grad der Interaktion hin. Die Füchse im Park jedoch scheinen des Lesens nicht mächtig zu sein. Das Sammlerehepaar Dr. Michael und Dr. Eleonore Stoffel initiierte die Anlage des Skulpturenparks Ende der 1990er Jahre. Heute setzt die gemeinnützige Stiftung Skulpturenpark Köln ihre Arbeit fort.

FAZIT: KÜNSTLERISCHE VERSÖHNUNG ZWISCHEN LINKS- UND RECHTSRHEINISCHEM KÖLN!

Hin & weg: Stammheimer Schlosspark, Haltestelle Egonstraße. Skulpturenpark Köln, Haltestelle Reichensperger Platz.

Beste Zeit: Frühling; beide Parks sind kostenlos zugänglich, der Stammheimer Schlosspark rund um die Uhr, der Skulpturenpark Köln im Sommer bis 19 Uhr.

Dauer & Strecke: 2–3 Std. für 6 km.

Ausrüstung: Fahrrad, Sitzkissen.

Übrigens: GPX-Download auf Seite 229.

FEIER-ABEND AUF DEM LAND

Auf dem Hinweg der Duft der Felder, die den ganzen Tag von der Sonne beschienen wurden, auf dem Rückweg die aufziehende kühle Nachtluft. Dieser Ausflug ist ein Frischekick und eine kleine Flucht aus einer Welt voller Ampeln und Hochhäuser – beides gibt es hier nämlich nicht.

Im Frühjahr blüht es rund um Auweiler besonders bunt ...

Eine Prise Landleben tut der Großstadtbevölkerung gut, vor allem wenn man dafür nicht einmal das Kölner Stadtgebiet verlassen muss. Wer nach Auweiler fährt – vorzugsweise mit dem Fahrrad – der macht auf dem Weg dorthin die wohltuende Erfahrung, dass der Blick beinahe ungehindert umherschweifen kann. Aus Richtung Innenstadt kommend, wählt man den Auweilerweg für die Anfahrt und radelt ein ganzes Stück an Feldern entlang. Linker Hand liegt das Naturschutzgebiet Baadenberger Senke, Stöckheimer See und Große Laache, rechter Hand der Pescher See. Die Seenlandschaft rund um Auweiler, entstanden aus ehemaligen Kiesgruben, ist einen eigenen Ausflug wert.

Im Frühjahr blühen direkt vor dem Ortseingang von dem 1975 nach Köln eingemeindeten Auweiler die Rapsfelder, leuchten mit der Sonne um die Wette und verströmen ihren markanten Duft. Nach dem Ortseingangsschild folgt Bebauung – die Straßen mit so hübschen Namen wie Boskoopweg und Erlenweg lassen aber den Blick auf die dahinterliegenden Felder frei. Schon ist das Ortszentrum erreicht, der Dorfanger, eine große Wiesenfläche mit altem Baumbestand, schönem Spielplatz, Tischtennisplatte, Bänken, einem Pavillon. Dieser ist Dreh- und Angelpunkt für Feierlichkeiten wie das mehrtägige Maifest, organisiert von der Maigesellschaft Greesberger Auweiler e. V. Gegenüber der in Köln unvermeidliche Kiosk, Büdchen genannt, in dem man von früh bis spät so allerlei Nützliches bekommen kann.

Das Gut Doktorshof ist ein Ackerbaubetrieb mit Selbstbedienungs-Bauernlädchen, in dem man Eier von den hier freilaufenden Hühnern

... und die Gänseküken am Pescher See erkunden munter ihre Umwelt.

und je nach Jahreszeit auch andere Lebensmittel wie Kartoffeln, Spargel und Erdbeeren erwerben kann. Ein Pfau, der für Besucher gerne sein Rad schlägt und niedliche Zicklein und Ziegen prägen das idyllische Bild. Die Taverne im historischen Pohlhof (www.taverne-im-pohlhof.de), in der griechisch und mediterran gekocht wird, bietet sich zur Einkehr an. An einer Straßenkreuzung fällt die hübsche kleine Kapelle Beatae Mariae Virginis ins Auge, in der man, sofern sie geöffnet ist, Andacht halten und Wunschkerzen entzünden darf. Auf dem Dach befindet sich ein Glockenturm mit einem einzelnen Glöckchen. Bei einem Rundgang fallen die zahlreichen Höfe und Reste von Hofanlagen auf. Viele von ihnen tragen die Auszeichnung der Denkmalschutzbehörde und sind teilweise so hübsch mit Blumenarrangements und allerlei Dekorationsartikeln geschmückt, dass man einfach verweilen muss.

FAZIT: VERWEILE IN AUWEILER!

Hin & weg: Haltestelle Auweiler.

Beste Zeit: Im Frühling, wenn die Felder blühen.

Dauer: Den ganzen Feierabend lang!

Ausrüstung: Fahrrad mit Beleuchtung, Fotoapparat, Geld für die Produkte des Selbstbedienungs-Bauernlädchens von Gut Doktorshof.

IN DEN FEIER-ABEND KLETTERN

... an der Hohenzollernbrücke in Deutz

#4 *Wer in Köln Höhenluft schnuppern möchte, dem sei eine Führung über das Hohe Dach des Kölner Doms ans Herz gelegt. Diese sollte allerdings Monate im Voraus gebucht werden, sie ist äußerst beliebt. Etwas spontaner gelingt eine Besteigung der Hohenzollernbrücke.*

#Bergziegen #Höhenluft #Domblick

→ Dampf ablassen

Die Hände am Muschelkalk, volle Konzentration auf den nächsten Zug – da hüpft das Herz!

Köln ist kein Bergsteiger-Eldorado, mit nennenswerten Höhenzügen kann die Stadt nicht auftrumpfen. Das wird allein schon dadurch deutlich, dass die Kölner den Monte Troodelöh im Königsforst einen Berg nennen. Mit 118 Metern über NHN ist er die höchste Erhebung der Stadt: Der Aufstieg fühlt sich an wie ein leichter Sonntagsspaziergang. Dann gibt es noch den ein oder anderen Trümmerberg auf dem Stadtgebiet – den Monte Klamotte zum Beispiel – das ringt Kletterbegeisterten aber ebenfalls höchstens ein müdes Lächeln ab. Mit 72 Metern über NHN liegt er etwa 25 Meter höher als das benachbarte Gebiet. Lediglich die Dombesteigung lässt sich als Kölner Kletterherausforderung verbuchen, hierbei geht es allerdings um Treppen und nicht um Toprope. So nennt man eine Sicherungsform beim Klettern, bei dem das Seil oben in einer Umlenkung eingehängt ist und eine zweite Person vom Boden aus sichert. Trotzdem oder gerade deswegen sind die Kölner begeisterte

Diese Aussicht belohnt diejenigen, die sich hinauf wagen. Natürlich kann man den Aufstieg auch umgehen – aber dann würde der Bezwinger-Stolz fehlen.

Kletterer und die Stadt ist auch großzügig mit Kletter- und Boulderhallen ausgestattet. Draußen zu klettern ist einzig an der Hohenzollernbrücke möglich und erlaubt, das ist dann aber gleich auch ein ganz besonderer Kletter-Ort.

Die Hohenzollernbrücke ist denkmalgeschützt – und welche Stadt kann sich schon rühmen, das Kraxeln an einem historischen Baudenkmal zu ermöglichen? Natürlich gibt es Auflagen, und die Mitglieder des Deutschen Alpenvereins, Sektion Rheinland Köln, sind sehr darauf bedacht, dass alle eingehalten werden. Schließlich möchte man ein solches Erlebnis auch nachfolgenden Generationen noch ermöglichen. Voraussetzung, um hier klettern zu dürfen, ist zunächst eine Registrierung beim Deutschen Alpenverein; das ist aber schnell getan (www.dav-koeln.de > Service > Kletteranlage). Die Benutzung ist kostenlos, man benötigt jedoch Ausrüstung: Klettergurt, Kletterschuhe, ein Seil, zwei Schraubkarabiner – und natürlich einen netten Menschen, der einen sichert! Mit Vorgaben und Techniken sollte man vertraut sein. Ein Hinweisschild an der Brücke, unterhalb des Reiterdenkmals auf Deutzer Seite, informiert über Routen und Regeln.

Dann darf man sich an den Wänden aus Muschelkalk ausprobieren, die sich zwar ganz anders anfühlen als die Griffe und Tritte in der Kletterhalle aber immer wieder Halt bieten. Von leicht bis schwer über besondere Routen mit Verschneidungen ist alles dabei, bei den

etwa 70 Strecken in den Schwierigkeitsgraden von III+ bis zu VIII-. Abwechslung ist somit garantiert. An der Brücke ist ausschließlich Toprope-Klettern möglich. Nur oben befinden sich Umlenkungen, durch die die Seile laufen können. Es ist zu empfehlen, ein Handtuch mitzubringen, und auf die Brüstung zwischen Seil und Mauerwerk zu legen – dann hat man länger Freude an seinem Seil. Als amüsante Nebenbemerkung sei schlussendlich noch ergänzt, dass im Wikipedia-Artikel zum Thema Toprope ein Bild von einem Kletterer an der Hohenzollernbrücke zu sehen ist, im Abendlicht, mit dem Dom im Hintergrund. Braucht es mehr, um die besondere Situation hervorzuheben, die die Kölner hier haben? Ein Kletter-Eldorado, trotz fehlender ernst zu nehmender Berge!

FAZIT: KLETTERN OHNE BERGE? GEHT AUCH!

Hin & weg: Haltestelle Köln Hauptbahnhof.

Beste Zeit: Sommer. Klettern ist nur bei Tageslicht und von März bis Oktober erlaubt.

Dauer: 2 Std.

Ausrüstung: Klettererfahrung. Außerdem Seil, zwei Schraubkarabiner, Klettergurt, Kletterschuhe, Handtuch, Wasserflasche. Jemand zum Sichern.

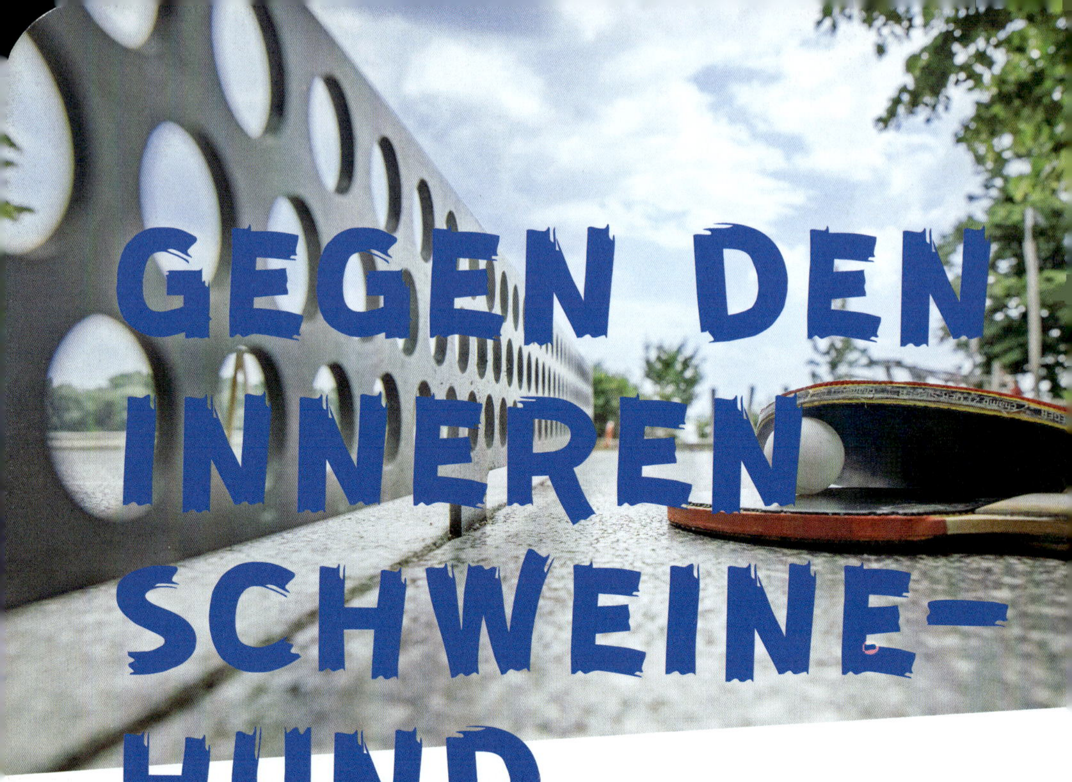

GEGEN DEN INNEREN SCHWEINE-HUND

... beim Tischtennis in ganz Köln

#5

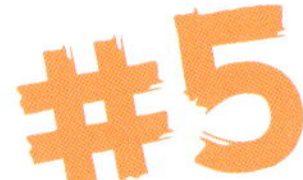

Am Rathenauplatz in unmittelbarer Nähe zu einem Biergarten, am Niehler Damm mit Rheinblick, im Stadtgarten unter uraltem Baumbestand, zwischen den Mauern des ehemaligen Fort X nahe des Rosengartens – in ganz Köln kann Tischtennis in schönster Umgebung gespielt werden.

#Schupfball #Ballonabwehr #Rundlauf

Viel Platz zum Spielen und zum anschließenden Relaxen gibt es bei den Tischtennisplatten in der Merheimer Heide.

In Köln bekommt der innere Schweinehund häufiger als anderswo einen Korb – aber keinen mit zuckerhaltigen Lebensmitteln gefüllten Präsentkorb, dessen Inhalt er gemütlich auf dem Sofa naschen kann. Hier ist die einzige Sportuniversität Deutschlands beheimatet, die Deutsche Sporthochschule. Man ist also von vielen sportlichen Menschen umgeben und das motiviert dazu, selber häufiger die Sportschuhe zu schnüren. Das um Ausreden nie verlegene unheimliche Mischwesen hat es in Köln besonders schwer, denn die Stadt bietet für alle ein breites Sportangebot. Bei den kostenlosen Angeboten draußen kommt es richtig in die Bredouille. Es wurden nicht nur zahlreiche Fitnessparcours neu und attraktiv

Verschlagener Ball – ob die schöne Aussicht als Ausrede zählt?

gestaltet, es gibt unter anderem Basketballkörbe, mehrere Skateparks, davon einer mit Rheinblick, und ein frei zugängliches Beachvolleyballfeld mit Blick auf den Strom. Bei Kölle aktiv werden in den Sommermonaten Sportkurse umsonst und draußen angeboten. Nicht zuletzt wurden großzügig Tischtennisplatten aufgestellt – und zwar so viele, dass niemand einen langen Weg auf sich nehmen muss, um in das Vergnügen zu kommen.

Köln ist aber nicht nur reichlich gesegnet mit Tischtennisplatten, sie stehen auch häufig an schönen Orten: in Parkanlagen, bei Weihern, in Biergärten, am Rhein oder inmitten einer ehemaligen Festungsanlage. Von Tischtennisplatte zu Tischtennisplatte lässt sich Köln entdecken und viele wundervolle Orte, die man sonst nicht besucht hätte. Zudem ist es einfach ein herrlicher Spaß, sich nach Feierabend mit Freunden zu treffen und ein paar Bälle zu spielen. Dieser Sport ist generationen- und nationenübergreifend. Häufig mit Musikbegleitung, manchmal in der abgewandelten Form Teqball, bei der ein Fußball mit Fuß, Kopf, Brust oder Knie über die Tischtennisplatte gespielt wird. Einziger kleiner Wermutstropfen dabei: die Begeisterung der Kölner für diesen Sport ist so groß, dass die Tischtennisplatten häufig belegt sind. Manchmal muss man etwas warten, bis man an der Reihe ist. Es gibt aber auch die Möglichkeit, neue Bekanntschaften zu schließen und in das Spiel einzusteigen – und bei der lustigen

Am Niehler Damm lassen sich auch wunderbar Containerschiffe beobachten.

Variante Rundlauf können mehr als zwei Personen gleichzeitig spielen. Wer auf der Suche nach immer neuen Orten ist, an denen er Tischtennis spielen kann, dem sei die Ping Pong Map Köln (www.pingpongmap.net > Köln) empfohlen. Hier sind nicht nur Standorte hinterlegt; zu einigen Orten mit Tischtennisplatten gibt es Fotos und auch Kommentare zum Zustand der Platten, zur Umgebung und zur nächtlichen Beleuchtungssituation. Auch bei schlechtem Wetter muss man sich nicht in Verzicht üben: Beispielsweise in »die wohngemeinschaft« oder auch in der Bar Grünfeld gibt es Indoor-Tischtennisplatten. Wer nun so richtig auf den Geschmack gekommen ist, kann sich einem der Kölner Tischtennisvereine anschließen.

FAZIT: ZWEI FREUNDE MÜSST IHR SEIN! DANN GIBT ES TISCHTENNIS MIT AUSSICHT.

Hin & weg: Je nach Standort der Tischtennisplatte.

Beste Zeit: Sommer.

Dauer: Bis der Muskelkater einsetzt!

Ausrüstung: Tischtennisschläger, Bälle.

ZUKUNFTS-VISIONEN

Drahtesel, Pferd, Stand-up-Paddelboard – das sind nur drei der zahlreichen Möglichkeiten, den Fühlinger See und das umliegende Gebiet zu erkunden. Ein ganz anderes Fortbewegungsmittel fuhr hier einst, kam aber über die Testphase nicht hinaus.

Es sollte nicht weniger als eine Verkehrsrevolution werden. Zeitzeugen muss sie vorgekommen sein wie aus einem Science-Fiction-Roman entsprungen. Selbst aus heutiger Sicht wirkt sie noch futuristisch. Dort, wo heute die Erweiterung des Fühlinger Sees ist, befand sich von etwa 1955 bis 1967 die Teststrecke für die Alweg-Bahn, eine Einschienen-Hochgeschwindigkeitsbahn. Mehr als 300 Stundenkilometer Spitzengeschwindigkeit sollte sie erreichen. Man stelle sie sich vor wie die Wuppertaler Schwebebahn, nur andersherum. Als Sattelbahn sicher und unvermindert schnell in Kurven lief sie über einen Fahrbalken aus Beton. Äußerlich ähnlich der Magnetschwebebahn Transrapid, die Technik war jedoch eine andere. Beiden gemein war auch, dass der Fahrbalken auf Betonstützen auflag – was Unabhängigkeit vom übrigen Verkehrsgeschehen brachte. Zeitzeugen bringen ihre Faszination für das Verkehrsmittel zum Ausdruck – besonders die, die in den Genuss kamen, damit über die Versuchsstrecke fahren zu dürfen – wie Konrad Adenauer. Als Hobby-Erfinder war der erste Bundeskanzler der Bundesrepublik Deutschland und ehemalige Oberbürgermeister der Stadt Köln ein begeisterter Testfahrer.

Die allgemeine Akzeptanz war dennoch niedrig, zu groß schienen die optischen Eingriffe in das Stadtbild, zu gering war die Innovationsfreude. 1967 war das Ende besiegelt, die Strecke wurde abgebaut. Wolfgang Schieffer, bekannt als »Der Waldmaler«, hat dieses Kapitel der Fühlinger Geschichte künstlerisch auf einem Baumstamm festgehalten. Eine kleine Betonmauer am Fühlinger Ortseingangsschild ist das einzige Überbleibsel des ambitionierten Projektes, möglicherweise befinden sich noch Reste von Pfeilern unter Wasser.

Abseits der Badestellen und Veranstaltungsorte lässt sich am Fühlinger See auch die pure Natur genießen.

Die meisten Besucher des Fühlinger Sees wissen nichts von diesem spannenden Abschnitt in der Geschichte des Kölner Nordens. Sie kennen den Fühlinger See als Veranstaltungsort des Summerjam, eines der größten Reggae-Festivals Europas, oder von Eat Play Love, wo waghalsige Vorführungen auf dem Wakeboard geboten werden. Der Blackfoot Beach ist ein beliebter Badestrand, im Hochseilgarten hangeln sich die Kölner gerne von Baum zu Baum. Ein Schild warnt vor »Fliegenden Menschen« – gemeint sind die Nutzer der Zipline. Wer ein SUP-Board besitzt oder ausleiht, kann die »Wälder unter Wasser«, die langen Unterwasserpflanzen, bestaunen. Auch Tierbeobachtungen sind vom SUP aus sehr gut möglich: Schildkröten, die sich sonnen oder ganz plötzlich ins Wasser plumpsen lassen; Reiher, Schwäne, teilweise beeindruckend große Welse, Hechte und Karpfen; winzige blau-weiße Süßwasserquallen, die durch das Wasser zu schweben scheinen. Die etwa zwei Zentimeter kleinen Nesseltiere sind harmlos. Genauere Unterwassererkundungen sind über eine Tauchschule möglich.

Die Regattabahn ist Austragungsort nationaler und internationaler Ruder-Veranstaltungen. Für unterschiedliche Aktivitäten gibt es jeweils einen eigenen See, sieben sind es insgesamt: Ein Tauch-See, ein Angel-See und ein Surf-See gehören dazu. Doch es gibt auch eine weitere, weitgehend unbekannte Seite des Fühlinger Sees: An einigen Stellen lässt sich beinahe ungestört die Natur genießen. Wer mit dem Fahrrad unterwegs ist, dem sei abschließend ein Abstecher zum Rheindamm in Merkenich ans Herz gelegt; ein zauberhaftes und idyllisches Stückchen Köln.

FAZIT: »ALLE WEGE« FÜHREN ZUM, AUF ODER IN DEN FÜHLINGER SEE!

Hin & weg: Haltestelle Seeberg.

Beste Zeit: Sommer.

Dauer: 2–3 Std.

Ausrüstung: Fahrrad, Badebekleidung, Handtuch, Sonnenbrille und -creme.

PRITSCHEN & BAGGERN

... beim Dicken Herkules

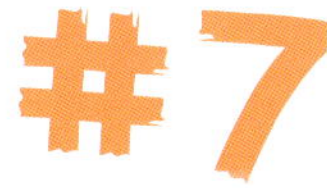

#7

Zwei geballte Fäuste hinter dem Rücken – nein, das deutet hier nicht auf Unmut hin, sondern auf einen Schlagabtausch in sportlicher Hinsicht. Die Kommunikation der Spieler untereinander geschieht beim Beachvolleyball mittels verschiedener Handzeichen, die die gegnerische Mannschaft nicht sehen soll.

#FüßeimSand #Ballnichtvergessen #Urlaubsgefühl #achdudickesEi

Der Skatepark direkt nebenan ist ebenfalls einen Besuch wert!

Die Kölner sind ein sportliches und ein geselliges Völkchen und da verwundert es nicht, dass bei ihnen Mannschaftssportarten hoch im Kurs stehen. Schon die Kleinsten spielen in den Parks unter Anleitung Fußball, bei den Spielen des 1. FC Köln wird regelmäßig mitgefiebert, das Maskottchen des Vereins ist in der Stadt omnipräsent. Man kann den Geißbock Hennes im Kölner Zoo besuchen oder ihm sogar einen Brief schreiben - er hat einen eigenen Briefkasten im Zoo. Auf einigen Kölner Spielplätzen gibt es Hennes sogar als Wipp-Tier. Die Kölner Haie, der hiesige Eishockeyclub, tragen ihre Heimspiele im »Haifischbecken« aus, in der riesigen Lanxess Arena. In Parks und entlang des Grüngürtels gibt es zahlreiche Bewegungsparcours. Basketballplätze lassen sich recht einfach anlegen.

Etwas schwieriger sieht es mit Beachvolleyballfeldern aus. Dafür braucht es eine größere Fläche, viel Sand und ein robustes Netz. Ein besonders schönes, frei zugängliches Beachvolleyballfeld liegt direkt am Rhein, an der Katharina-Schauberg-Promenade. Im Norden der stillgelegte Hafenkran mit dem Spitznamen Dicker Herkules, im Süden ein Skatepark. An diesem Beachvolleyballfeld lässt sich beobachten, dass meistens mehr als nur zwei Spieler pro Team an den Start gehen. Diese Mischung aus Beach- und Hallenvolleyball ermöglicht es bis zu zwölf Spielern gleichzeitig, diesen schönen und schweißtreibenden Sport zu betreiben.

Der Dicke Herkules, der einst den Dicken Pitter hob (rechts), wacht über dem Spielfeld.

Eine schweißtreibende Angelegenheit ist es auch gewesen, den Dicken Herkules zu bedienen - sechs Männer waren in den ersten Jahren dafür nötig. Ab 1906 wurde er dann elektrisch betrieben. Zum Glück, denn im Jahre 1924 stand der Kran vor seiner größten Herausforderung - der Dicke Herkules sollte nämlich den »Dicken Pitter« heben. Die berühmte Petersglocke, die auch heute noch in der Glockenstube des Kölner Doms hängt und zu besonderen Anlässen geläutet wird, bringt 24 Tonnen auf die Waage. Doch den Kran-Kraftprotz konnte das nicht aus der Verankerung lösen, war er doch auf 30 Tonnen Hebelast ausgelegt. In Sichtweite des Hafenkrans direkt am Rhein Volleyball spielen - ein schöner Ausgleich zu den sitzend im Büro verbrachten Stunden.

FAZIT: BALLWECHSEL VOR HISTORISCHER KULISSE – KOSTENLOS UND DRAUßEN.

Hin & weg: Haltestelle Ubierring, Haltestelle Schönhauser Straße.

Beste Zeit: Sommer.

Dauer: Je nach Lust, Laune und Ausdauer 1-3 Std.

Ausrüstung: Sportbekleidung, Wasserflasche, Handtuch, Sonnenbrille, Sonnencreme.

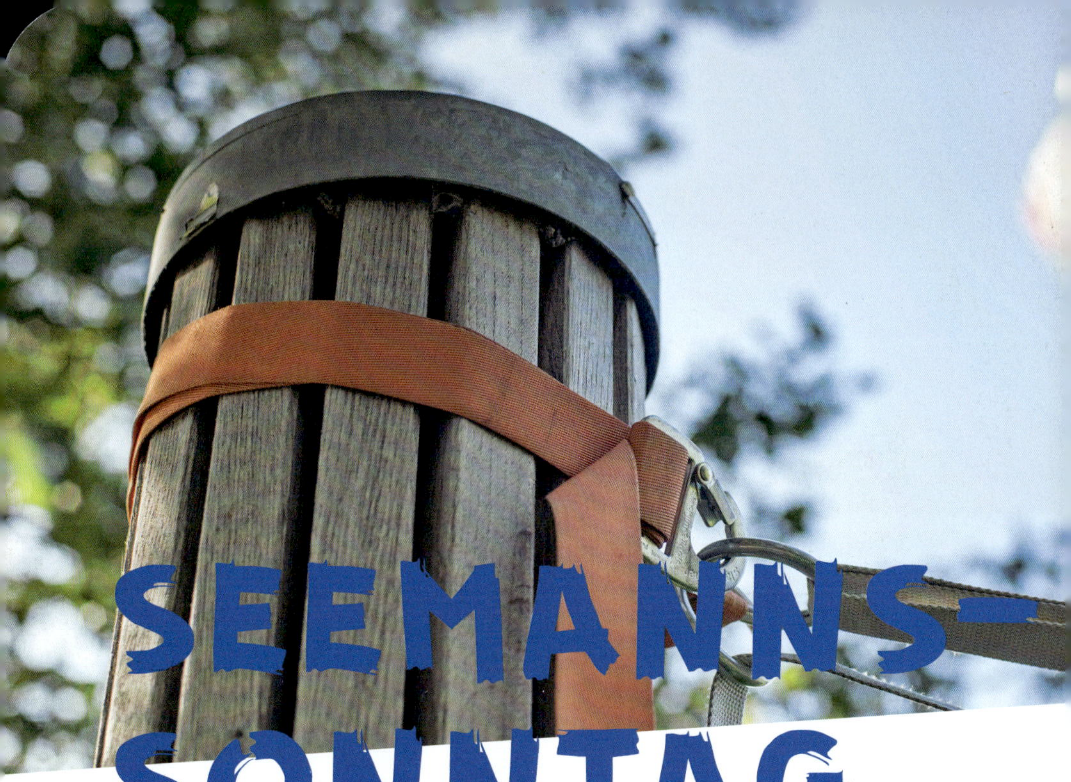

SEEMANNS-SONNTAG

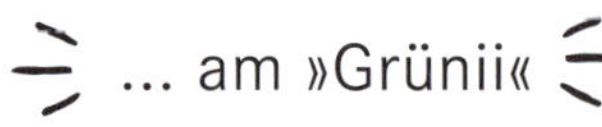

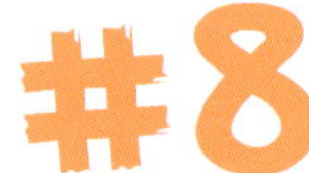

... am »Grünii«

#8 *Üblicherweise wird der Seemannssonntag donnerstags begangen. Dieser Tradition schließen sich die Kölner Slackliner an, obwohl sie weit entfernt vom Meer balancieren. Doch Köln hat ja schließlich auch einen Leuchtturm, da ist das nur folgerichtig.*

#highlowflow #AuszeitfürdenKopf #barfuß

Über den Namen ihres Fernmeldeturmes stimmten die Kölner einst ab und »Colonius« trug den Sieg davon.

→ Dampf ablassen

Wie feiert man den Seemannssonntag viele Kilometer vom Meer entfernt? Die Mitglieder von Slackline Köln e. V. kennen die Antwort: Auf schlaffen Seilen statt auf schwankenden Planken! Der Schwerpunkt liegt allerdings auf der körperlichen Betätigung und nicht auf kulinarischen Genüssen. Keine Sorge: Seekrank wird man beim Slacklinen nicht, auch wenn die Bewegungen der Bänder manchmal an rauen Seegang erinnern.

Den Slackline-Sport kann man zwar alleine ausüben, die Regel ist das aber nicht. Gerade der Open Slack, der in Köln an jedem ersten Donnerstagabend im Monat stattfindet und zu dem alle Interessierten eingeladen sind, ist eine gesellige Veranstaltung. Meist findet er an zentraler Stelle bei den eigens dafür aufgestellten Slackline-Pfosten statt, in der Nähe von Tennis-, Basketball- und Wasserspielplatz. Achtung: Bäume dürfen in Köln nicht für das Spannen der Slacklines benutzt werden, daher gibt es an vielen Stellen inzwischen die Pfosten.

Anders als beim Seiltanzen, wo das Seil straff gespannt ist und sich kaum bewegt, ist eine Slackline elastisch und verhält sich damit

In entspannter Park-Atmosphäre macht das Slacklinen besonders Spaß.

dynamisch. Der Sportler muss diese Bewegungen ausgleichen. Aller Anfang ist schwer – aber hat man es einmal raus, dann ist es wie beim Fahrradfahren: man verlernt es nicht mehr. Mit diesem Sport kommen viele erstmals in Kletter- oder Boulderhallen in Berührung. Einst war das Slacklinen die Begleitsportart der Kletterer. Sie trainierten damit spielerisch Konzentration und Koordination und konnten dabei ihren stark beanspruchten Fingern und Armen eine Pause gönnen. Mit der Zeit bildete sich das Slacklinen als eigene Sportart heraus.

Seit die Begeisterung für die Sportart in den 2000er Jahren von Nordamerika nach Europa herüberschwappte, hat sich viel getan. Es haben sich Spielarten wie beispielsweise das Begehen einer Highline herausgebildet – das sind Hunderte Meter hoch gespannte Slacklines, häufig an Orten mit spektakulärer Aussicht. Die allermeisten Slackliner sichern sich dabei – mit wenigen Ausnahmen. Einige gehen Free Solo – also ohne Sicherung. Eine Parallele zum Klettersport: Hier bedeutet Free Solo die Begehung einer Kletterroute ohne Sicherungsgerät. Dabei spielt die mentale Komponente eine wichtige Rolle. Die Auseinandersetzung mit den eigenen Ängsten und Grenzen, also die psychische Vorbereitung, ist mindestens ebenso wichtig wie die physische Vorbereitung.

Auch die Begehung einer Lowline, also einer sich nah am Boden befindlichen Slackline, hat eine mentale Komponente – allerdings in anderer Form. Viele Slackliner empfinden die Begehung einer Lowline als mentale Auszeit. Sie konzentrieren sich so stark auf ihren Körper und den Balanceakt, dass alles

Übung macht den Meister und Sicherheit geht vor!

andere ausgeblendet wird. Dieser meditative Bestandteil begeistert wiederum diejenigen, die nicht auf der Suche nach dem Adrenalinschub sind.

Eine weitere Variante ist das Tricklining. Hierbei werden Kunststücke auf der Slackline ausgeführt. Was den Sport ausmacht – und wieder ähnelt er dem Klettersport – ist der Variantenreichtum; mit zunehmendem Geschick und Können bieten sich immer neue Möglichkeiten. Beim Waterlining, dem Begehen einer über Wasser gespannten Slackline, kommen wieder ganz andere Herausforderungen auf die Sporttreibenden zu. Die Spiegelungen im Wasser führen dazu, dass die Augen keinen festen Bezugspunkt mehr haben. Auf der Seite von Slackline Köln e. V. (www.slackline-koeln.org/spots) findet man eine Karte mit allen Slackline-Orten in Köln.

FAZIT: EINE HIGHLINE VOM COLONIUS BIS ZU SEINEM KLEINEN BRUDER POLLONIUS – DER STOFF, AUS DEM DIE TRÄUME SO MANCHER SLACKLINER SIND.

Hin & weg: Bahnhof Köln West.

Beste Zeit: Sommer.

Dauer: 1–3 Std.

Ausrüstung: Sportbekleidung.

NEOPREN STATT NADEL-STREIFEN

Die Saison wird mit einer Fahrt im Haikostüm eingeläutet und verabschiedet wird sie ebenso. Wasserski, Wakeboard, SUP, Gastronomie, Sandstrand – am Bleibtreusee fehlt es an nichts.

#packdieBadehoseein #warumindieFerneschweifen #Sandstrand

Der Bleibtreusee bietet das komplette Urlaubs-Paket: Wassersport, Naturidylle und leckeres Essen. Hier kommt jede*r auf ihre beziehungsweise seine Kosten!

Dienstag- und donnerstagmorgens bietet sich den Wasservögeln, Fischen und Schildkröten am Bleibtreusee ein lustiges Bild: Es kommen Menschen im Neoprenanzug, fahren ein paar Runden Wasserski oder Wakeboard und gehen im Nadelstreifenanzug! Dann kommen sie am Nachmittag zu einem Teambuilding-Event wieder, tauschen diesmal Garn gegen Gummi und messen sich nach dem Wassersport bei einer Strandolympiade – mit Beachvolleyball, Spikeball, Leiter-Golf und anderen amüsanten Spielen. Für den Feierabend haben sie ein legeres Outfit mitgebracht und genießen (mittwochs oder donnerstags) den Sonnenuntergang im neu gestalteten Restaurant Sonnendeck. Dieses bietet Plätze drinnen und draußen, bei schlechtem Wetter ist die Glasfront des Innenbereichs geschlossen, aber bei jedem Wetter sitzt man hier mit Blick auf den See und der Feierabend fühlt sich an wie ein ganzer Urlaubstag. Sonntags wird hier ein opulentes Frühstücksbuffet offeriert; eine Reservierung ist sinnvoll.

Die Gestaltung des Sonnendecks ist wohldurchdacht, es fügt sich optisch in die Gegebenheiten vor Ort ein, beim Bau wurden hauptsächlich Naturmaterialien wie Holz, Glas und Stein verwendet, alles ist hell und freundlich und der Übergang zum Sandstrand ist optisch fließend. Hundert Lampen an der Decke tauchen zur Dämmerung alles in ein freundliches, warmes Licht, und bei geschlossener Glasfront spiegelt sich das Licht und es sieht aus, als ob sich unzählige Glühwürmchen eingefunden hätten.

Aber zurück zum Sport! Für Neulinge auf dem Wakeboard gibt es eine Übungsbahn, an der großen Bahn werden die Rampen regelmäßig

umgebaut, damit die Geübten immer wieder neue Herausforderungen haben. Einige Exemplare sind Spezialanfertigungen. Auch hier greift der Nachhaltigkeitsgedanke: Durch die Umbaumöglichkeiten müssen nur selten neue Rampen gekauft werden. Milan Robinet, der vor 17 Jahren hier mit dem Wasserskifahren begann, lenkt inzwischen die Geschicke der kompletten Anlage. Neben Wasserski und Wakeboard kann man sich ein Stand-up-Paddelboard ausleihen und den Wasserskifahrenden aus einer anderen Perspektive zusehen.

Das Gebiet ist Landschaftsschutzgebiet, auf den Wellenbrechern brüten Vögel und beim Schwimmen teilt man sich das Wasser, das seit Jahren beste Badequalität hat, mit Schwänen. Den weichen Sandstrand unter den Füßen fühlt sich der hier verbrachte Abend an wie ein ganzer Urlaubstag.

FAZIT: ALLES AN EINEM SEE!

Hin & weg: Es gibt Parkplätze, die Anreise mit dem Fahrrad ist aber entspannter und umweltfreundlicher!

Beste Zeit: Sommer.

Dauer: 2–3 Std.

Ausrüstung: Handtuch, Badebekleidung, Geld für das wohlverdiente Feierabendgetränk.

SUP(PE) ZUM ABEND-(B)ROT

... am Straberger See in Dormagen

Beim Alltag auf die Pausetaste drücken: Wer das ganz dringend braucht, dem sei Yoga auf dem Stehpaddelbrett oder neudeutsch Stand-up-Paddelboard (SUP) ans Herz gelegt.

Der leichte Wellengang macht SUP-Yoga zu einer besonderen Herausforderung. Belohnt wird man mit purer Entspannung.

→ DAMPF ABLASSEN

Wer Yoga bereits als entschleunigend und gleichzeitig energetisierend empfindet, der sollte unbedingt SUP-Yoga ausprobieren. Gerade bei der Entspannungsphase am Ende der Stunde, wenn man auf dem Rücken liegt, trägt das sanfte Schaukeln auf den Wellen zu einem noch intensiveren Entspannungsgefühl bei. Wer dabei die Augen öffnet, blickt in blauen Himmel, sieht Schäfchenwolken träge am Himmel entlangziehen oder die Sterne, wie sie funkeln und einem zuzublinzeln scheinen. Das ist so schön, dass der ganze Körper von Glücksgefühlen durchströmt wird. Umrundet von Natur, von Wasser und Bäumen, stellt sich ein Gefühl der Zufriedenheit ein, man fühlt sich eins mit den Elementen und kann an nichts anderes denken, ist voll und ganz auf sich und sein Gleichgewicht konzentriert. Bei leichtem Wind bewegen sich die Boards, die allerdings an einer Boje vertäut sind, hin und

Bei gutem Wetter geht es am Straberger See ab aufs Wasser.

her. Der Gleichgewichtssinn wird bei SUP-Yoga noch mehr gefordert, noch ausgiebiger geschult.

Da ist es praktisch, dass Nina Liz Petig auch den Kurs »Yogaboard« anbietet. Das kann man sich wie Skigymnastik vorstellen, nur andersherum – es findet im Winter und nicht im Sommer statt. In ihrem hübschen Studio mit der breiten Fensterfront bietet sie diese Vorbereitung auf Yoga auf dem Wasser an. Jede*r Teilnehmende bekommt ein Board aus Holz, auf dem die Übungen ausgeführt werden. Durch das Wackeln des Boards werden die Verhältnisse auf dem Wasser nachgeahmt. Daher kann man bei Kolibri Yoga ganzjährig diesem wunderbaren Sport nachgehen. Wie es zu dem Namen des Studios kam, ist eine amüsante Geschichte – nachzulesen auf der Internetseite oder herauszufinden bei einem persönlichen Gespräch mit Nina.

Der Straberger See in Dormagen ist von Köln aus schnell zu erreichen. Hier findet Yoga zum Sonnenuntergang und Mondschein-Yoga statt. Die frische Luft, das leise Plätschern des Wassers und dazu die Übungen, die einen den eigenen Körper auf so angenehme Art und Weise spüren lassen – all das summiert sich auf zu einer inspirierenden Erfahrung. Ninas fröhliche Art und ihre angenehme Stimme tun das Übrige, um dieses Erlebnis abzurunden. Zum Naturerlebnis passt es auch, dass viele Yoga-Figuren Namen haben,

Im Winter wechselt Nina für ihre Yogastunden in ihr Kölner Studio.

die der Tier- und Pflanzenwelt entstammen. Während der Baum eine sehr fortgeschrittene Übung auf dem SUP-Board ist, sind andere auch schon für Anfänger möglich. Die Katze kann beispielsweise recht schnell tanzen und der Hund mit ein wenig Geschick bald herab schauen. Auch Kamel und Kuhgesicht sind gute Übungen für das Stehpaddelbrett. Wer doch einmal das Gleichgewicht verliert, bei dem heißt es »Fisch küsst Fisch«. Auftauchen, Wassertropfen abschütteln, lächeln, weitermachen und mit Humor nehmen. Glücklich schätzen können sich diejenigen, die an ein Handtuch und Wechselkleidung gedacht haben. So sind es die kleinen Dinge, die zum großen Glück beitragen. Wie ein Feierabend auf dem Board.

FAZIT: DIE SCHÖNSTE AUSZEIT VOM ALLTAG – AUF DEM WASSER IN BALANCE!

Hin & weg: Studio Kolibri Yoga, Haltestelle Hansaring. Straberger See, Haltestelle Dormagen Nievenheimer See.

Beste Zeit: Sommer.

Dauer: 2–3 Std.

Ausrüstung: Handtuch, Schwimmsachen, Wechselkleidung, Wasserflasche.

KROKODILE

#11

Es mag Einheimische wie Touristen verblüffen – die Tatsache, dass man in Köln gleich an mehreren Stellen Krokodilen begegnet. Der Zoo ist dabei noch der am wenigsten überraschende Ort, denn auch auf dem Rhein schwimmt ein Krokodil: eine bezaubernde kleine Personenfähre. Und dann gibt es noch die beiden Krokodile im Königsforst ...

#Krokolino #CologneCrocodiles #Kneipptour

Die Wassertretstelle ist im Giesbach eingebettet und bietet gerade im Sommer eine willkommene Abkühlung. Holzbänke und Tische laden zum Verweilen ein.

Fuchs, Hase, Igel, Eichhörnchen, Specht – diese Tiere würde man in einem Wald in unseren Breiten erwarten. Daher erstaunt es die meisten Besucher, dass im Königsforst zwei Krokodile liegen. Sie schauen allerdings nicht allzu furchterregend drein und gestatten es sogar, dass man auf ihrem Kopf oder ihrem Rücken Platz nimmt. Die beiden freundlichen Sitzgelegenheiten aus Holz befinden sich direkt neben einer Schutzhütte und so wird auch größeren Gruppen eine gemütliche Rast ermöglicht. Wer die Begegnung mit den Krokodilen verdaut und sich ausreichend gestärkt hat, ist bereit für die nächste Überraschung: Eine Wassertretstelle mit klarem, eiskaltem Wasser, mitten im grünen Herzen des Waldes. Hin kommt man zum Beispiel von Rath aus über breite, ebene Wege, die auch hervorragend mit dem Fahrrad befahren werden können. Teilweise schließen sich die Baumkronen wie ein Laubdach über dem Weg, sodass man durch einen grünen Tunnel schreitet. Nach einem Regenguss verströmt der Königsforst einen köstlichen Duft, wie es ihn nur im Wald geben kann. An heißen Sommertagen bietet der Forst die ersehnte Abkühlung: Schatten durch die hohen belaubten Bäume und kaltes Wasser. Wer abends unter der Woche kommt, den erwartet eine stille und friedliche Atmosphäre, nur das Plätschern des Baches, bei Wind das Rauschen in den Baumwipfeln und manchmal das Wiehern und Schnauben von Pferden sind zu hören.

Wer in Entdeckerlaune ist, für den gibt es einen Wald- und einen Bodenlehrpfad. Bei der Forsbacher Mühle liegt, versteckt im Wald, ein wunderschöner Waldspielplatz, direkt daneben ein Bachlauf und Picknickplätze.

Das Restaurant ist zwar derzeit geschlossen, die ehemalige Mühle mit Mühlrad und die Teiche mit Fischen bieten dennoch ein lohnendes Ausflugsziel. Wer einkehren möchte, kann dies im Landgasthof Heideblick (www.gasthof-heideblick.de) tun. Von der Wassertretstelle aus ist das etwa ein halbstündiger Spaziergang, mit dem Schlenker über die Forsbacher Mühle muss man etwas mehr Zeit einplanen. Wenig bekannt sind die früheisenzeitlichen Hügelgräber, die ebenfalls von Rath kommend besichtigt werden können. Die Funde daraus kann man sich im Römisch-Germanischen Museum in Köln anschauen. Nicht unterschlagen werden sollte das Wildgehege Brück, am äußeren westlichen Rand des Königsforstes gelegen. Hier gibt es keine Krokodile – zumindest haben die dort lebenden Wildschweine und Rehe noch nie von einer solchen Sichtung berichtet.

FAZIT: HIER SAGEN SICH FUCHS UND KROKODIL GUTEN FEIERABEND!

Hin & weg: Haltestelle Röttgensweg.

Beste Zeit: Sommer.

Dauer: 2–3 Std.

Ausrüstung: Fahrrad, Handtuch, und wer mag, ein Picknick.

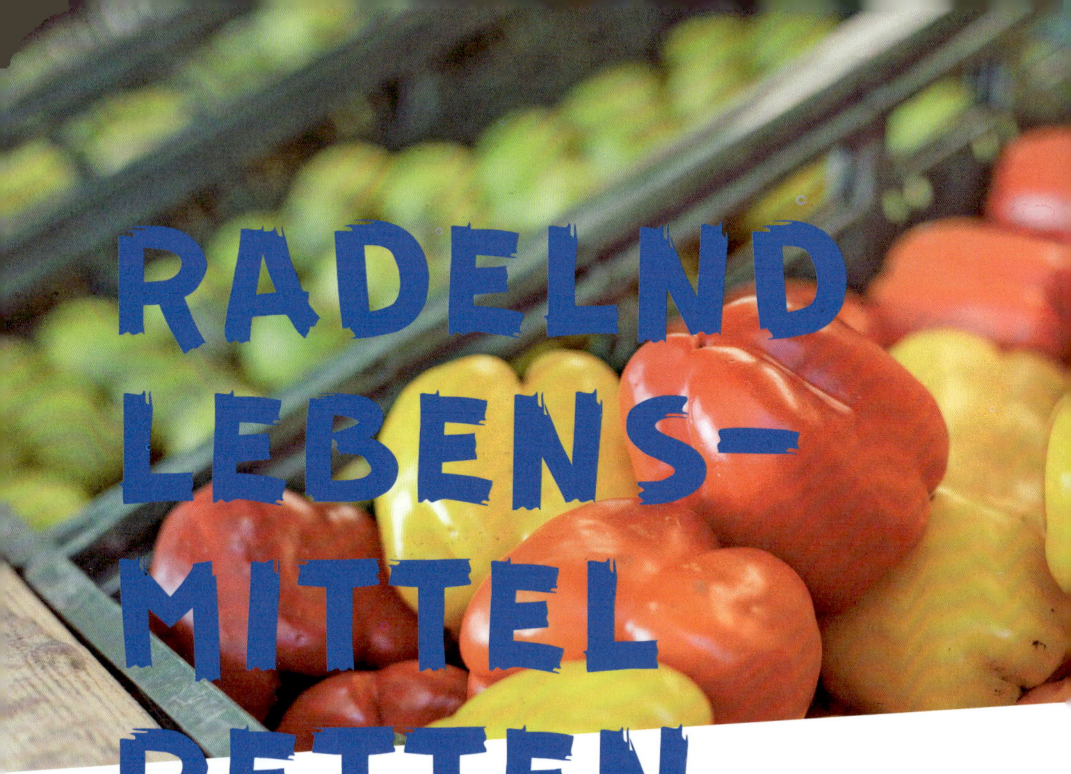

RADELND LEBENSMITTEL RETTEN

... bei The Good Food

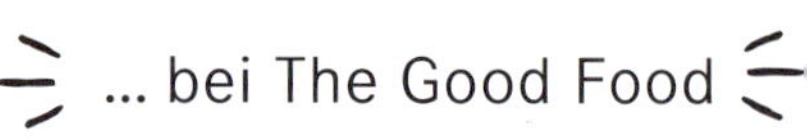

#12

Gerade wer seinen Arbeitstag größtenteils sitzend verbringt, braucht zum Ausgleich einen aktiven Feierabend. Wen das Thema Lebensmittelverschwendung bewegt, kann bei dieser Betätigung gleich zwei wertvolle Dinge miteinander verbinden: Nahrungsmittel retten und sich selbst in Bewegung bringen.

#anmeinemFahrradistallesdran #Hätzenssaach #eslebedaskrummeGemüse

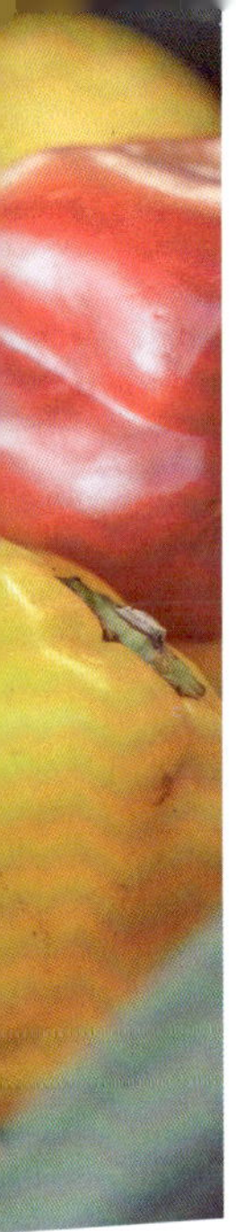

→ DAMPF ABLASSEN

Das »Zahl, was es dir wert ist«-Prinzip soll den Einkauf nicht nur für alle erschwinglich machen, sondern auch zum Nachdenken über den Wert von Lebensmitteln anregen.

Wie wäre es, den Feierabend sportlich zu verbringen und gleichzeitig Gutes zu tun? Diese Möglichkeit bietet sich bei The Good Food. Die Gründerin, Nicole Klaski, ist auf Umwegen zu ihrer Berufung gekommen. Die studierte Juristin hat eine Zeitlang in Nepal gelebt und ist dort damit konfrontiert worden, mit wie wenig die Menschen dort auskommen. Das hat ihren Blick darauf gelenkt, wie viel Überfluss es in Deutschland gibt und wie viel weggeworfen wird. Sie war dann in der Geschäftsführung von foodsharing aktiv, wollte aber schließlich größere Mengen Lebensmittel retten. Dabei kann man ihr helfen, indem man beispielsweise nach Feierabend mit dem Lastenrad krummes Gemüse oder Waren, die kurz davor sind das Mindesthaltbarkeitsdatum zu überschreiten oder es gerade überschritten haben, aber noch zum Verzehr geeignet sind, zu einem der Ladenlokale bringt.

Seit 2017 betreibt Nicole Klaski das Ladenlokal in Ehrenfeld.

Ohne die Hilfe von Ehrenamtlichen würde das Konzept nicht funktionieren und das wäre sehr schade, denn Nicole und ihr Team retten so viele Lebensmittel, dass sie eine 300 Quadratmeter große Lagerhalle anmieten mussten. Die geretteten Nahrungsmittel verkaufen sie in verschiedenen Ladenlokalen in Köln. Jeder zahlt so viel, wie es ihm wert ist. Das erste konstante Ladenlokal befindet sich seit 2017 in der Venloer Straße 414 in Ehrenfeld.

Das Team rettet aber nicht nur Lebensmittel, es inspiriert mit seiner Arbeit auch zahlreiche Menschen. Das Thema Lebensmittelverschwendung ist inzwischen viel präsenter in den Medien, als es das noch vor einigen Jahren war. Und es engagieren sich immer mehr Menschen in dem Bereich und bringen ihn mit ihren kreativen Ideen voran. Ein wichtiger Teil der Arbeit ist auch, zum Umdenken anzuregen. Aus welchem Grund sollte man eine gerade Möhre einer krummen Möhre vorziehen? Landwirte pflügen gutes Gemüse unter, weil die Supermärkte es ihnen nicht abnehmen. Nicole fährt mit ihrem Team zu den Landwirten und holt von den Feldern, was sonst nicht geerntet werden würde. Inzwischen hat sie so viele Kontakte zu Landwirten und Herstellern, dass sie froh ist, die großen Mengen mit ihrem Netzwerk teilen zu können. Einmal hat sie 4000 Kilogramm Kokosraspel angeboten bekommen. In so einem Fall heißt es dann wieder eine kreative Lö-

Mittlerweile gibt es auch einen zweiten Standort in Köln-Sülz!

sung suchen. Und Nicole hat sie gefunden – in einer Großküche konnten die Kokosraspel noch verarbeitet werden.

Ob Backwaren vom Vortag oder Produkte, die die Hersteller nicht mehr verkaufen wollen, weil sich die Rezeptur oder das Aussehen der Verpackung geändert haben – auch das bietet Nicole zum »Zahl, was es dir wert ist«-Preis an. Nicht immer ein einfaches Konzept, aber sie glaubt daran und bleibt dabei. Und so ist man nach der Tour mit dem Lastenfahrrad ein bisschen zufriedener und geht mit einem guten Gefühl nach Hause. Wer einmal den Aufwand gespürt hat, den die Lebensmittelherstellung mit sich bringt, wird größeres Augenmerk darauf legen, weniger zu verschwenden.

FAZIT: SICH SELBST UND ANDEREN GUTES TUN!

Hin & weg: Haltestelle Köln-Ehrenfeld.

Beste Zeit: Herbst.

Dauer: 1–2 Std.

Ausrüstung: Sportbekleidung, Wasserflasche.

LOVE

ÜBER ACHT BRÜCKEN MUSST DU GEHEN

Wie der Bau der neuen Leverkusener Autobahnbrücke, die auch als nördlichste Kölner Rheinbrücke bezeichnet wird, voranschreitet, wird in mehreren Folgen der »Sendung mit der Maus« erklärt. So lange das Wetter gut ist, müssen die spannenden Beiträge aber warten und es geht erst einmal auf zur Brücken-Tour über den Rhein.

Man könnte ihn so schön für Köln singen, den Schlager, der insbesondere in der Version von Peter Maffay Bekanntheit erlangte: »Über sieben Brücken musst du gehen«. Gäbe es da nicht die die achte Brücke über den Rhein. Die Leverkusener Brücke liegt zwar nur zur Hälfte auf Kölner Stadtgebiet, die Stadtgrenze befindet sich in der Mitte des Stroms. Doch auch eine halbe Brücke muss gezählt werden, und da sie als nördlichste Kölner Rheinbrücke bezeichnet wird, kann man sie nicht einfach aus der Aufzählung streichen. Amüsante Randnotiz: Die in Köln produzierte »Sendung mit der Maus« begleitet seit 2016 den Neubau der Leverkusener Autobahnbrücke.

Die sportliche Herausforderung für den Feierabend lautet also wortwörtlich: »Über acht Brücken musst du gehen«. Damit man hierbei nicht bis tief in die Nacht hinein unterwegs ist, kann man selbstverständlich auch eine besonders schöne Teilstrecke wählen oder die Runde mit dem Fahrrad zurücklegen. Einige Dinge sind dabei zu beachten, denn nicht alle Brücken eignen sich für das Befahren mit dem Fahrrad. Bei der schmucken Südbrücke beispielsweise kommen Radler schon beim Auf- und Abstieg ins Schwitzen, es gibt nämlich nur steile Treppen, und somit muss der Drahtesel die schmale Fahrrinne hinaufgeschoben werden. Der Ausblick auf die Poller Wiesen und den Rheinauhafen entschädigt dann auch für so manche Mühsal. Die südlich gelegene Rodenkirchener Brücke hingegen bietet sich gut für eine Überfahrt mit dem Fahrrad an.

Die Deutzer Brücke wartet mit einer Besonderheit auf – man kann nämlich nicht nur darüberfahren, sondern auch in den Brückenhohlkörper hinein. Das ist einmal im Jahr zu

Wenn die Sonne tief steht, kann man an vielen der Brücken besonders schöne Schattenspiele der Stahlbögen und Geländer beobachten.

der Veranstaltung Brückenmusik möglich. Eine Brücke sollte man bei der Brückenrunde nicht auslassen, auch wenn man hier aufgrund der zahlreichen Menschen vielleicht absteigen und das Fahrrad schieben muss. Das ist aber ohnehin empfehlenswert, denn sonst könnte man sich nicht am Anblick der an der Hohenzollernbrücke angebrachten Liebesschlösser erfreuen. Wegen der mehreren 100 000 Liebesschlösser wird die Brücke auch Liebesbrücke genannt. Die Sorge, dass sie das Bauwerk zum Einsturz bringen könnten, scheint unbegründet. Immerhin haben sich die Gerüchte, die Bahn wolle die Schlösser entfernen lassen, bisher nicht bewahrheitet. Was jedoch stimmt, ist, dass die ICEs ihre Geschwindigkeit auf der Brücke stark reduzieren müssen, weil die Erbauer die Brücke genau auf die Mittelachse des Domes ausgerichtet haben und die Kurve zum Bahnhof dadurch sehr eng ist. Schwierig für all diejenigen, die es kaum erwarten können, den Boden der Domstadt wieder unter den Füßen zu spüren.

Die Kölner Brücken – einige von ihnen erstrahlen sogar in einer ganz speziellen Farbe, dem sogenannten Kölner Brückengrün. Den Auftrag zur Entwicklung eines eigenen Farbtons für die Kölner Brücken vergab einst Konrad Adenauer. Das dabei entstandene Chromoxidgrün gilt als besonders witterungsbeständig. Neben den großen Rheinbrücken gibt es in Köln auch mehrere interessante kleinere Brücken. Die Geschichten der Brücken sind Teil der Stadtgeschichte und als verbindende Elemente sind sie ein unverzichtbarer Bestandteil des Lebens in der Großstadt.

FAZIT: MIT SCHLAGEROHRWURM ÜBER EINE BRÜCKE NACH DER ANDEREN DURCH DIE STADTGESCHICHTE!

Hin & weg: Haltestelle je nach Startpunkt.

Beste Zeit: Herbst.

Dauer: 2–3 Std.

Ausrüstung: Fahrrad, Trinkflasche.

FEIER-ABEND – FLEIßIG UND FAUL

... beim Kreuzwasser

#14

Ein gemeinsamer Feierabend mit den beiden kölschen Originalen Tünnes und Schäl, wie würde der wohl aussehen? Ob sie sich auf eine Beschäftigung einigen könnten? So verschieden die beiden sind, so unterschiedlich sind auch die Gewässer an der Bachkreuzung – und die Geschmäcker bei der abendlichen Freizeitgestaltung.

Mit etwas Glück kann man nahe der Herler Mühle die Pferde grasen sehen.

Gäbe es die Auszeichnung »Mitarbeiter des Monats« auch für Bäche, die Strunde wäre ein heißer Anwärter darauf. Und das wäre noch eine Untertreibung, nicht umsonst ist sie im Volksmund lange als »der fleißigste Bach Deutschlands« bezeichnet worden. Ganz anders der Faulbach. Während die Strunde dank ihrer hohen und zuverlässigen Wasserführung Tag und Nacht zahlreiche Mühlen auf ihrem Weg antreiben konnte, war das dem gemächlich dahinfließenden Faulbach nicht möglich. Heute gibt es hier keine Mühlen mehr und Strunde und Faulbach können ihren Feierabend in trauter Zweisamkeit und höchst würdevoll genießen – in dem Wissen, dass sie gemeinsam ein weit und breit einmaliges Wasserbauwerk bilden.

Die Bachkreuzung, an der die Strunde über ein Aquädukt über den Faulbach geführt und dann teilweise in diesen eingeleitet wird, ist im Zuge der Regionale 2010 restauriert und aufgewertet worden. Heute kann man das Wasserkreuz bequem von einer Bank aus betrachten und es sich über einen barrierefreien, über dem Wasserkreuz angelegten Rundweg mit Stegbrücke erschließen. Es befindet sich inmitten einer Grünanlage, allerdings auch sehr nah an der Autobahn 3, nur durch eine hohe Lärmschutzmauer getrennt von ihr. Liegt man auf der Holzbank und genießt die letzten Sonnenstrahlen, dann vermischt sich das Gluckern und Plätschern der beiden Bäche mit dem Rauschen der vorbeirasenden Fahrzeuge zu einer Feierabend-Sinfonie.

Die Merheimer Heide hat gleich zwei gut ausgestattete Trimm-dich-Pfade zu bieten.

Man kann sich nun entscheiden, welchem Bach man mit seiner Feierabendbeschäftigung nacheifern möchte. Folgt man der Strunde, dann ist beispielsweise der Fitnessparcours in der nahegelegenen Merheimer Heide nicht weit. Um ihn zu erreichen, muss man nur die Fußgängerbrücke überqueren, die über die Autobahn führt, die Herler Mühle passieren, und ein Stück in südlicher Richtung durch die Grünfläche wandern. Die Merheimer Heide, die auch den rechtsrheinischen Beginn des Äußeren Grüngürtels markiert, wurde unlängst mit einem »Grünen Entree« versehen, das eine Brachfläche in ein standesgemäßes Eingangsportal verwandelte. Folgt man dem Faulbach, dann bleibt man einfach auf der Bank liegen und betrachtet von hier aus das Wasserbauwerk Erk.

FAZIT: »DENN, WAR MAN FAUL, MAN LEGTE SICH HIN AUF DIE BANK UND PFLEGTE SICH.« (AUGUST KOPISCH)

Hin & weg: Haltestelle Lacher Broch, Wichheimer Straße.

Beste Zeit: Herbst.

Dauer: Je nach Lust und Laune.

Ausrüstung: Drahtesel, Sportschuhe, Sportbekleidung, Wasserflasche.

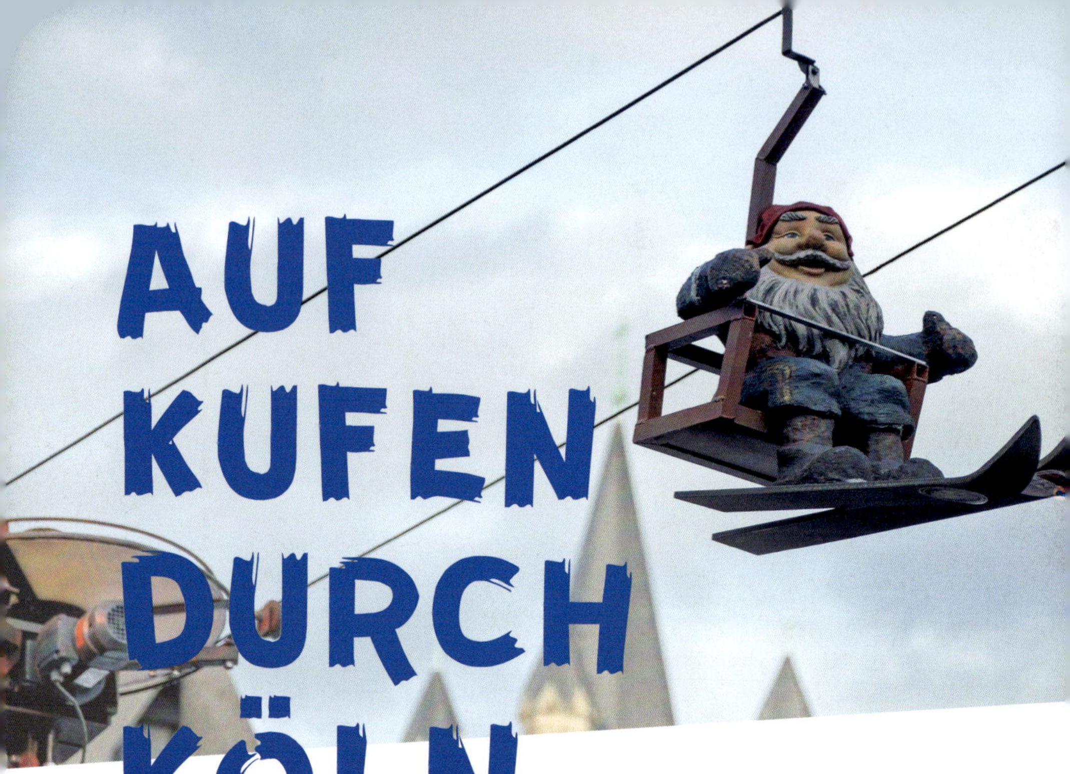

AUF KUFEN DURCH KÖLN

… am Heumarkt und im Lentpark

#15

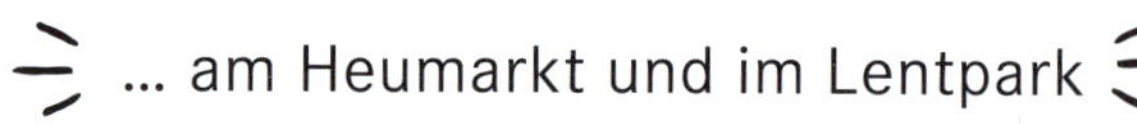

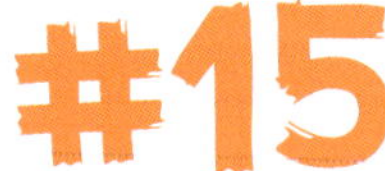

Ob Bauwesen oder Bäckerhandwerk – die Heinzelmännchen waren in vielen Berufen versiert. Würden sie wohl die neuen Berufsbilder ebenso kundig unterstützen? Leider stellt sich die Frage nicht, denn die Helferlein genießen ihren andauernden Feierabend auf dem Eis.

#zumDahinschmelzen #EiszeitwärmtHerz #siegleitenaufKufen #blaueStunde

→ DAMPF ABLASSEN

Rund herum um das Reiterstandbild führt die über 100 Meter lange Schlittschuhbahn auf dem Heumarkt.

Sie sind zurück in Köln! Allerdings nicht zur Verrichtung von Handreichungen, sondern zu ihrem Vergnügen. Die guten Geister von Köln schwärmen nämlich für Wintersport und besonders gern laufen sie Schlittschuh. Man will sie dabei gesehen haben, zur Weihnachtszeit, am Heumarkt. In den Nachtstunden, in denen sie früher die Kölner tatkräftig unterstützt haben. Nun haben sie Zeit für Kurzweil. Wenn sie nicht auf Kufen unterwegs sind, fahren sie eine Runde mit dem Sessellift.

Heinzels Wintermärchen am Heumarkt ist ein besonders stimmungsvoller Weihnachtsmarkt. Er hat bis in den Januar hinein geöffnet und verfügt über die nicht nur bei den Heinzelmännchen so beliebte über 100 Meter lange Schlittschuhbahn, auf der man seine

Auf gleich zwei Etagen kann man im Lentpark das ganze Winterhalbjahr über seine Pirouetten drehen.

Runden unter freiem Himmel drehen kann. Bei strahlendem Sonnenschein ist es schon ein einzigartiges Erlebnis – zur Blauen Stunde aber, wenn das Spiel mit dem Licht beginnt, dann wird die Szenerie märchenhaft. Ein wenig arbeiten die Heinzelmännchen hier dann dennoch – es gehört zu ihrer Natur, sie können es nicht lassen. Sie helfen beim Auf- und Abbau der Eisbahn und unterstützen die Handwerker auf dem Alter Markt nebenan bei der Fertigstellung ihrer Handwerksarbeiten. Doch sie kennen nicht nur die Arbeit, sie wissen auch zu genießen, zum Beispiel in der Naschgasse. Und so tut man es ihnen nach getaner Arbeit nur allzu gerne gleich und umrundet auf Kufen das Reiterdenkmal. Nur nicht zu schnell oder entgegen der vorgeschriebenen Laufrichtung, sonst riskiert man einen Strafzettel von Eispolizist Jack. Während der Eispflege – und nicht nur dann – sorgt der Clown aus den Niederlanden mit komödiantischen Einlagen für zusätzliche Unterhaltung. Die Vorführungen von professionellen Eislaufenden oder Eislauftanzpaaren runden das Erlebnis ab.

Wer nun Freude am Schlittschuhlaufen gefunden hat, der möchte auch über den Januar hinaus über das Eis gleiten. Das ist im Lentpark möglich. Hier kann man meistens schon von September an und oft noch bis in den April hinein den eleganten Sport betreiben. Zwar nicht unter freiem Himmel, dafür wetterunabhängig auf gleich zwei Etagen: Auf einer 260 Meter langen und acht Meter breiten Eishochbahn blickt man von oben auf Eisfeld und Hallenbad. Denn der Lentpark bietet sowohl Eislauf- als auch Schwimmvergnügen und nutzt dabei Synergieeffekte: Mit der Wärme, die bei der Kühlung der Eislaufflächen

entsteht, wird das Hallenbad beheizt. Diese ökologische Verbindung ist einzigartig in Europa. Das Eisfeld bietet mit seinen 1800 Quadratmetern Fläche viel Platz für Pirouetten. Ein unschlagbarer Vorteil der zwei Felder ist, dass man während der Eisaufbereitung nicht warten muss – man wechselt lediglich von unten nach oben oder andersherum. Auf beiden Etagen gibt es jeweils eine Eismaschine und sie kommt abwechselnd zum Einsatz. Sollte eines der beiden Spezialfahrzeuge einmal nicht funktionieren, dann kann man das acht Tonnen schwere Gefährt auch mit einem speziellen Aufzug hoch- oder runterfahren. Der Gastronomiebereich bietet einen Blick von oben auf das Eisfeld. Es sind immer wieder Eislaufkünstler*innen dabei, deren Sprünge und Drehungen man von hier aus gemütlich verfolgen und dabei die Füße ein wenig entspannen kann.

FAZIT: GROßER WINTERSPAß – NICHT NUR FÜR HEINZELMÄNNCHEN ZU EMPFEHLEN!

Hin & weg: Haltestelle Heumarkt (Heinzels Wintermärchen, www.heinzels-wintermaerchen.de). Haltestelle Reichenspergerplatz (Lentpark, www.koelnbaeder.de/eis/lentpark).

Beste Zeit: Winter.

Dauer: 2–3 Std.

Ausrüstung: Wer welche hat, Schlittschuhe (kann man aber an beiden Orten auch ausleihen).

PLAUDERN UND GENIEßEN

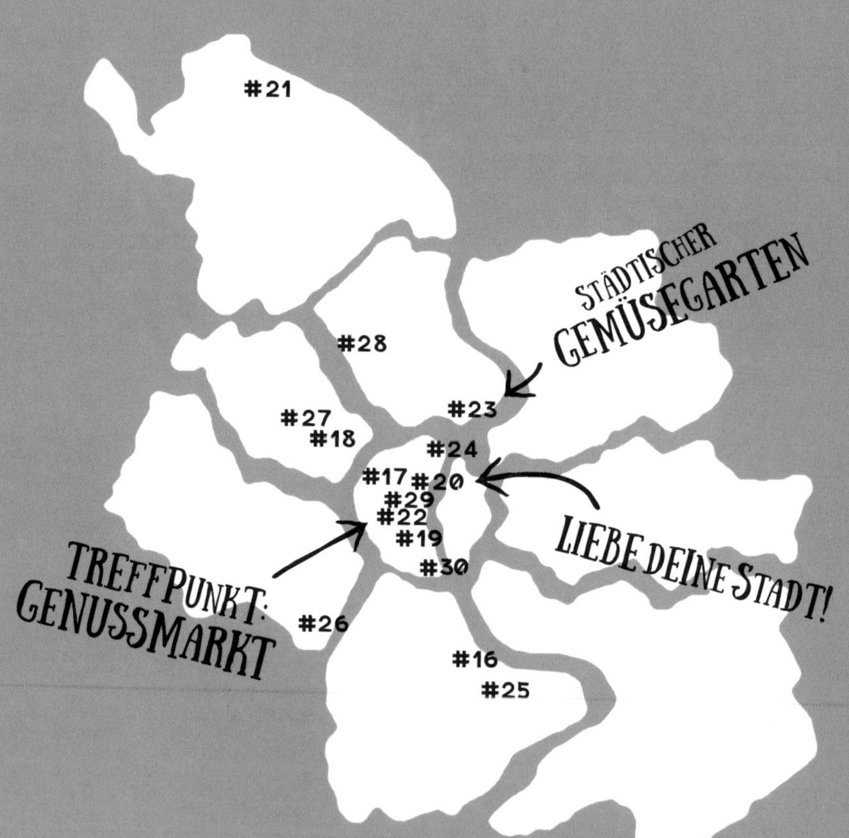

Den Tag Revue passieren lassen

Zwischen Weinreben, unter Wetterpilz-Hüten, im Bötchen oder bei beeindruckenden Baumgiganten – kleine Auszeiten an den unterschiedlichsten Orten.

SALAT-SCHÜSSEL ODER UFO

… der Südpark in Marienburg

#16

Wenn die Tage länger werden, locken die ersten Sonnenstrahlen nach draußen, der Vitamin-D-Speicher will gefüllt werden. Da lohnt ein Kleinod im Kölner Süden die Erkundung. Auf einer der Bänke lässt sich der Abend vortrefflich genießen und Kinder finden einen schönen Spielplatz vor.

#ferneGalaxien #Blütenteppiche #FokusKrokus

»Würdest du mir bitte sagen, welchen Weg ich einschlagen muss?«, fragt Alice. »Das hängt in beträchtlichem Maße davon ab, wohin du gehen willst«, antwortete die Katze. (aus: Lewis Carroll, »Alice im Wunderland«)

Aus der Vogelperspektive betrachtet, ähnelt der kleine Südpark im Marienburger Villenviertel einer Salatschüssel. Und wie es sich für einen ansprechend aussehenden und wohl mundenden Salat gehört, fügen sich die verschiedenen Komponenten im Südpark zu einem geschmackvollen Ganzen zusammen. Betreten sollte ihn jedoch nur, wer sich nicht vor wilden Tieren fürchtet: Mitten im Park lauert nämlich ein Panther. Es handelt sich um eine Bronzeplastik von Fritz Behn, entstanden in den 1920er Jahren – der Bildhauer war besonders bekannt für seine lebensnahen Tierskulpturen. Aber wie das mit den Raubtieren so ist, man muss sie ein wenig suchen, sie verstecken sich gut.

Der Südpark wurde auf einer Sanddüne angelegt. In östlicher Richtung, zum Rhein hin, steht ein Kiefernwäldchen. Ein solcher Kiefernbestand in einer Parkanlage ist im linksrheinischen Köln singulär. Das Wäldchen trägt zur besonderen Anmutung des Parks bei und ist auch verantwortlich für den angenehmen Duft, der je nach Jahreszeit und Wetterbedingungen mal stärker, mal schwächer wahrnehmbar ist. Die Rhododendronbüsche, die unter den Kiefern angepflanzt wurden, kommen zwar gut mit dem sandigen Boden zurecht; weniger gut allerdings mit den langen Trockenperioden der vergangenen Sommer.

Im frühen Frühjahr blühen Krokusse und ihr Nektar dient als erste Nahrung für Wildbienen und Hummeln. Die Anpflanzungen der Krokusse verlaufen wie breite Wege durch die Wiesenflächen – man fühlt sich ein wenig wie Alice im Wunderland – neben welchem Blütenweg soll man entlangwandeln? Und warum wurden sie so in den Boden eingebracht, dass

diese Wege entstehen? Krokusse können erneut blühen, allerdings darf man sie erst mähen, wenn sie verwelkt sind. Die klare Kante zur Wiesenfläche hin hilft bei den Mäharbeiten, die bis Ende April nur um die Krokuswege herum stattfinden dürfen.

In eine andere Welt versetzt fühlt sich, wer den Südpark verlässt und bei einem Spaziergang die Gegend erkundet. Die Villen stehen hier dicht an dicht, Marienburg zählt zu den größten zusammenhängenden Villenvierteln Deutschlands. Viele der Prachtbauten haben die Größe von Mehrfamilienhäusern, die umliegenden Gärten erinnern eher an Parkanlagen als an Privatgärten. Häufig wird einem der Blick zumindest zum Teil verwehrt, hohe Hecken und Mauern schützen die Privatsphäre der Bewohner. Eine Welt so fern, als wäre man auf einem anderen Planeten gelandet.

FAZIT: HIER WAREN HEINZELMÄNNCHEN MIT GRÜNEN DAUMEN AM WERK!

Hin & weg: Haltestelle Arnoldshöhe.

Beste Zeit: Frühling.

Dauer: 1 Std.

Ausrüstung: Fotoapparat für die Krokuswege. Fernglas für die (Raub-)Tier-Beobachtung.

FLANIEREN ZUM FEIER-ABEND

... im Stadtgarten in der Neustadt-Nord

Ein Schwarm knallgrüner Sittiche fliegt kreischend von einer Ecke des Stadtgartens zur anderen, Kaninchen hoppeln über die Wiesen. Im Sommer sieht er von oben betrachtet aus wie eine riesige bunte Patchwork-Decke – dann liegen hier die Picknickdecken dicht an dicht, darauf allerlei Köstlichkeiten.

#Farbenspiel #Sprechecke #eierlegendeWollmilchsau

→ Plaudern und Genießen

Viel stabiler als eine Seifenschachtel und immer an Ort und Stelle – der »Sprechstein« im Stadtgarten.

Der Stadtgarten in der Neustadt-Nord ist ein wahrer Tausendsassa. Kaum ein Rekord, den er nicht gebrochen, kaum eine Aktivität, die noch nicht unter den ehrfurchtgebietenden betagten Baumriesen stattgefunden hätte. Er wurde bereits 1827 angelegt und ist damit die älteste Parkanlage Kölns. Sein teils heimischer, teils exotischer Baumbestand zählt entsprechend viele Jahresringe – und das sorgt für eine einzigartige Anmutung und ist gleichzeitig der einzige Wermutstropfen. Denn müssen schon in ruhigen Zeiten die Mitarbeiter des Grünflächenamtes regelmäßig dafür Sorge tragen, dass keine Äste herabfallen und dadurch Menschen gefährden, dann ist es nach Stürmen besonders heikel. Gerade für Kinder ist es dann aber – natürlich mit gebührendem Abstand – eine große Attrakti-

Vom Colonius aus könnte man den Stadtgarten sogar aus der Vogelperspektive betrachten!

on, zu beobachten, wie Baumpfleger sich im Korb eines Drehleiterfahrzeuges hinauf in die Baumkronen begeben und von dort die Äste absägen, die Gefahr laufen abzubrechen.

Im Allgemeinen eignet sich der Stadtgarten bestens für eine große Bandbreite an Aktivitäten. Besonders schön ist es hier von Frühjahr bis Herbst. Doch auch die knorrigen, kargen Winterbäume haben eine gewisse Ästhetik, und sollte es einmal schneien – was in Köln sehr selten vorkommt –, dann wohnt dem Park ein ganz besonderer Zauber inne.

Aber zurück zu den Jahreszeiten mit wärmeren Temperaturen und zur schönsten Zeit des Tages, der nach der Arbeit. Im Stadtgarten lassen sich die Abendstunden sowohl aktiv als auch entspannt genießen – und wer ein wenig mehr Zeit mitbringen kann, kombiniert einfach beides miteinander. Nach der sportlichen Aktivität bietet es sich an, sich im Biergarten des Restaurants Stadtgarten noch ein kühles Getränk zu gönnen. In dem Veranstaltungszentrum mit Konzertsaal und Live-Club finden regelmäßig Konzerte statt.

Eine weitere Besonderheit des Parks sind die quietschgrünen Halsband- und Alexandersittiche. Sie kommen meist in Scharen und prägen die Geräuschkulisse entscheidend mit. Obgleich diese Neobionten nun schon so lange in Köln heimisch sind, ziehen sie doch immer noch erstaunte Blicke auf sich. Scharen

Der Stadtgarten ist mit seiner teils exotischen Bepflanzung besonders im Spätfrühling einen Besuch wert.

von Kaninchen und zahlreiche flinke Eichhörnchen fühlen sich ebenfalls pudelwohl. Nicht zuletzt wird die Kulisse des Stadtgartens auch als Kunst-Ort geschätzt. Einmal stehen riesige bemalte Leinwände hier, dann wieder wird der Park zur Hörspielwiese. Ein kleines Kuriosum findet sich auf einer Wiese nahe des Spielplatzes. Der eckige Stein dort erinnert optisch an eine Truhe und wurde vielleicht schon als Requisite bei einem der zahlreichen hier begangenen Kindergeburtstage verwendet – als Piratenschatz. Und obwohl die Kölner gerne offen verbalisieren, was ihnen durch den Kopf geht, möchten sie es doch nicht machen wie im Speakers' Corner im Londoner Hyde Park. Und so setzt der »Sprechstein« immer mehr Moos an.

FAZIT: DER ORT DER 1000 ATTRAKTIONEN!

Hin & weg: Haltestelle Bahnhof Köln West.

Beste Zeit: Frühling.

Dauer: 2–3 Std.

Ausrüstung: Fernglas für die Beobachtung der Sittiche. Decke.

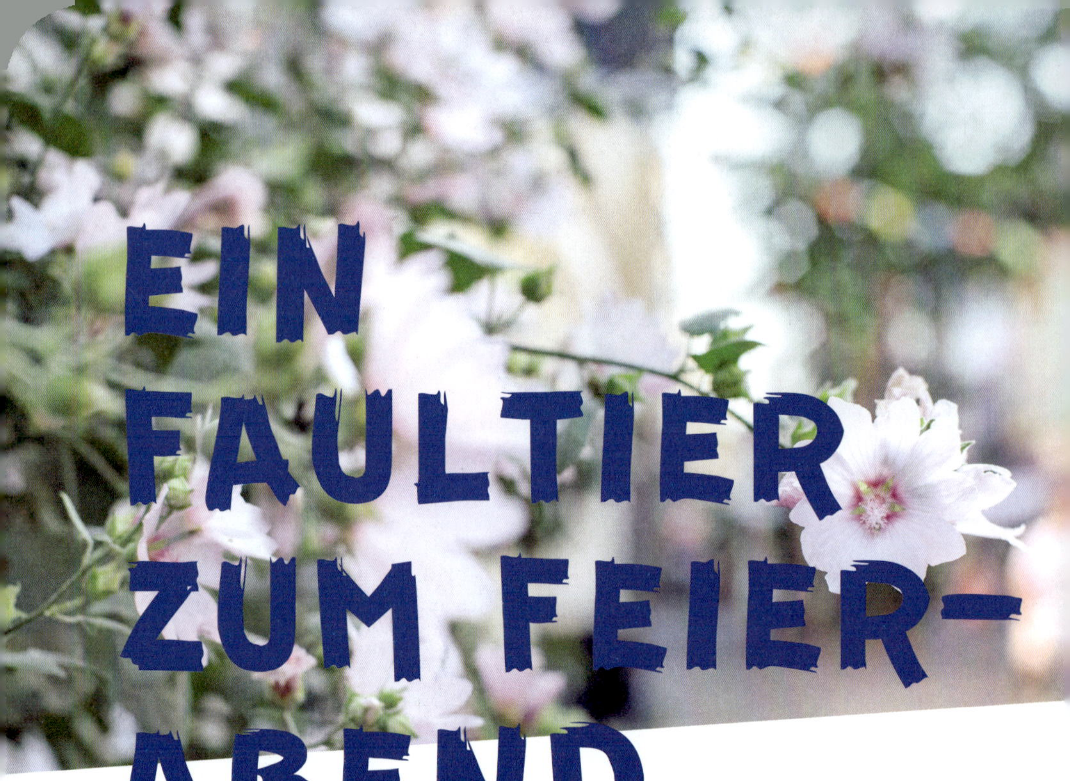

EIN FAULTIER ZUM FEIER-ABEND

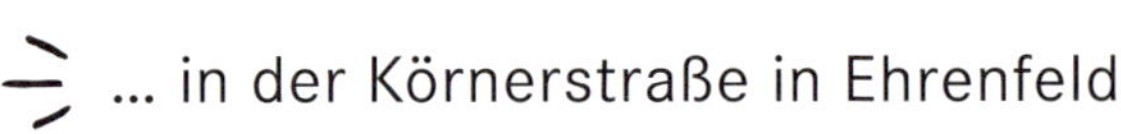

... in der Körnerstraße in Ehrenfeld

#18

Die Straße deiner Träume – gut, das ist vielleicht ein wenig zu hoch gegriffen. Doch weit von der Wahrheit ist es nicht; hier wird so viel geboten, da ist für jeden Mußezeit-Herzenswunsch etwas dabei.

#KaffeefürdieNachteule #AbendbrotimAbendrot #KunstimBunker #Nachtgesang

Die Events im Bunker sind in der Regel kostenlos. Am Eingang gibt es eine Spendenbox zur Unterstützung dieses besonderen Kunstortes.

Oder ein Chamäleon? Eine Giraffe? Einen Flamingo? Nein, wir sind hier nicht im Kölner Zoo gelandet, auch wenn es den Anschein haben mag. All diese Tiere findet man bei zwoo Kafferöster (www.zwookaffee.de) in der Körnerstraße in Ehrenfeld. Jedes von ihnen charakterisiert eine Kaffeesorte und zu jedem gibt es eine Karte, die genau beschreibt, wo der Kaffee herkommt, wie er aufbereitet wird, wie sich sein Aromaprofil darstellt. Wegen der Öffnungszeiten abends unter der Woche startet man den Bummel durch die Körnerstraße vorzugsweise genau hier, am Kaffeefenster. Ist man müde und hat noch viel vor, genehmigt man sich ein Nashorn. Möchte man nur noch zu Abend essen und sich danach aufs Sofa kuscheln, dann wählt man besser das Faultier, denn diese Kaffeeröstung ist entkoffeiniert. Beim Thema Abendessen denkt man nicht sofort an ein Café, doch im bio-zertifizierten Café Sehnsucht gibt es das und ein ganz hervorragendes noch dazu.

Danach kann man beim Bunker K101 vorbeischauen, in der Hoffnung, dass er gerade geöffnet hat und es eine spannende Ausstel-

Die Körnerfeld Galerie entlang der Straße wurde 2020 ins Leben gerufen. Die Ausstellungsflächen befinden sich im ständigen Wandel, so gibt es immer wieder Neues zu entdecken.

lung zu sehen gibt. Aktuelle Informationen zu Ausstellungen und Veranstaltungen, die zumeist zwischen April und Dezember hier stattfinden und ehrenamtlich von dem 2013 gegründeten Verein Förderkreis Hochbunker Körnerstraße 101 e. V. organisiert werden, findet man bei Facebook und Instagram. In dem Hochbunker stellen lokale und internationale Kunstschaffende aus; einige Künstler*innen der ersten Stunde sind inzwischen weltweit bekannt.

Die besonderen Ausstellungsräume stellen eine Herausforderung dar – die zweite Vorsitzende Petra Bossinger beschreibt die spezielle Stimmung so: Gute Arbeiten macht der Bunker besser, schlechte frisst er auf. Der Ausstellungsort spielt mit bei der Interpretation der Kunstwerke. Hier auszustellen erfordert Mut, der schon häufig durch emotionale Reaktionen belohnt wurde, die so unter anderen Bedingungen vermutlich nicht erreicht worden wären. Die Bandbreite reicht von zarten Papierkunstwerken bis hin zur bunten Pop-Art. Das Fehlen von Tageslicht eröffnet zudem die Möglichkeit, auf besondere Weise mit Kunstlicht zu spielen. Interessant ist der Ort auch für Video- und Klangkunst, für Tanz und Theaterschauspiel. Wer innehält, spürt auch etwas Bedrückendes: Erinnerungskultur ist Teil der Agenda. Hinter dem Bunker wächst ein Kleinod nachbarschaftlichen Engagements – die Gärten der Welt. Hier pflegen Anwohnende ein Areal mit nach Kontinenten aufgeteilten Anpflanzungen. Noch ein Schlenker zum Photobookmuseum, dieses widmet sich ganz dem Medium Fotobuch. Ein Blick durch das große Schaufenster in die wechselnden Ausstellungen lohnt sich. Der Ausstellungsraum ist nachts beleuchtet.

Wird es später, dann ruft die Nachtigall. Spätestens dann ist man froh, dass man zu Beginn des Abends das Nashorn und nicht das Faultier gewählt hat – die Nachtigall ist nämlich eine kultige Kneipe, in der auch schon mal Poetry Slams, Konzerte und Lesungen geboten werden. Was hat es bloß mit dieser Straße auf sich, dass hier die interessanten Orte so dicht an dicht liegen und die Gemeinschaft so gut funktioniert? Ein wichtiger Aspekt ist sicherlich, dass es hier fast ausschließlich inhabergeführte Läden gibt. Bunte Wimpel flattern über die Straße; jeder frei verfügbare Raum wird für Kunst, Grün und jegliche Form von Verschönerung genutzt. So wird das Schlendern durch die Körnerstraße zu einem Erlebnis, bei dem man immer wieder links und rechts schauen und einkehren kann – meist ist der Feierabend schon vorbei, lange bevor man das Ende der Straße erreicht hat.

FAZIT: DAS »CHAMÄLEON« VON ZWOO-KAFFEE WECHSELT REGELMÄßIG DIE FARBE UND STEHT DAMIT AUCH FÜR DIE KÖRNERSTRAßE – BUNT UND ABWECHSLUNGSREICH!

Hin & weg: Haltestelle Körnerstraße.

Beste Zeit: Frühling.

Dauer: Nach Wachheitsgrad und Laune!

Ausrüstung: Fotoapparat. Lust auf Erlebnisse.

COCKTAILS ZWISCHEN KRÄUTERN

Was erhält man, wenn man Blau und Gelb mischt? Grün! Eine wichtige Farbe in Köln. Einige Brücken sind im eigens angemischten Kölner Brückengrün angestrichen, die Kölner Grün Stiftung engagiert sich für Erhalt und Verschönerung von Grünflächen. Da sind Cocktails im Grünen nur folgerichtig.

#blauundgelb #sattgrün #WeinimWasserturm #Kräuterzauber

Der Rundblick über die Stadt vom Wasserturm aus ist besonders während des Sonnenuntergangs ein Highlight!

Köln ist überraschend grün. Innerer und Äußerer Grüngürtel lassen einen verkehrsberuhigt von A nach B kommen, in den Parks und an den Seen und Weihern vergisst man manchmal, dass man sich mitten in einer Großstadt befindet. Sogar Stadtschafe weiden an verschiedenen Stellen in der Stadt. Und obwohl Köln schon reichlich Grünfläche hat, engagieren sich viele Bewohner für noch mehr Natur in der Stadt. Ob Urban-Gardening-Projekte, Gartenlabore, von Bürgern bepflanzte Baumscheiben oder Bananeninsel: Das Grün liegt den Kölnern am Herzen.

Ein besonderer Kölner Ort, an dem man nach einem langen Tag im grauen Büro die Farbe Grün in allen Facetten und mit allen Sinnen genießen kann, ist die Bar Botanik – hoch oben im elften Stock des Wasserturm Hotel Cologne – Curio Collection by Hilton. Nicht nur, dass man von der rundumlaufenden Terrasse den Ausblick auf zahlreiche Kölner Grünflächen genießen kann – auch auf der Terrasse selber und in der Bar findet das vom Anblick versiegelter Flächen übersättigte Auge wohltuende grüne Farbtupfer. In der Bar wachsen verschiedene Pflanzen und Kräuter und geben dem Innenraum damit einen freundlichen Grün-Anstrich. Bilder mit floralen Mustern und die durch die großen Fensterflächen erreichte Gewächshaus-Anmutung runden das Konzept optisch ab.

Doch nicht nur das Auge genießt hier – dank der Kräuter duftet es auch sehr angenehm. Die Gaumen müssen ebenfalls nicht lange auf ihre Freuden warten. In der Bar Botanik zaubert das ausgezeichnete Küchenteam die feinsten Kreationen auf die Teller, begleitet werden diese von den passenden Getränken.

Die Rooftop-Bar überzeugt nicht nur optisch, sondern hat auch für den Gaumen viel zu bieten.

Hierbei spielen Kräuter, Samen und Beeren wieder eine besondere Rolle. Cocktail-Eigenkreationen begeistern mit Duft- und Geschmackserlebnissen. Regelmäßig legen DJs auf und runden das Sinnes-Gesamtpaket ab.

Übrigens: Mit einer Flüssigkeit begann auch die Erfolgsgeschichte – zwar nicht die der Bar, aber die des Gebäudes. Der Wasserturm, der heute ein Hotel und die Bar beherbergt, diente einst der Wasserversorgung der Stadt. Er wurde 1872 fertiggestellt und fasste 3,6 Millionen Liter Wasser im Wassertank. Bis zur Einführung eines unterirdischen Wassersystems in den 1930er Jahren war der Wasserturm Haupttrinkwasserquelle von Köln. Nach starker Beschädigung im Zweiten Weltkrieg, Leerstand und Nutzung als Lager ist die heutige Art der Nutzung wieder ein Gewinn für die Kölner.

FAZIT: EIN WENIG MUTET DIE BAR AN WIE EIN GEHEIMER GARTEN UND BIETET EIN ERLEBNIS FÜR ALLE SINNE – WER KÖLN MAG, WIRD DIESEN ORT LIEBEN!

Hin & weg: Haltestelle Poststraße.

Beste Zeit: Frühling.

Dauer: 2–3 Std.

Ausrüstung: Hier könnte ein bei der Kleiderei (siehe Eskapade #33) geliehenes Outfit zum Einsatz kommen!

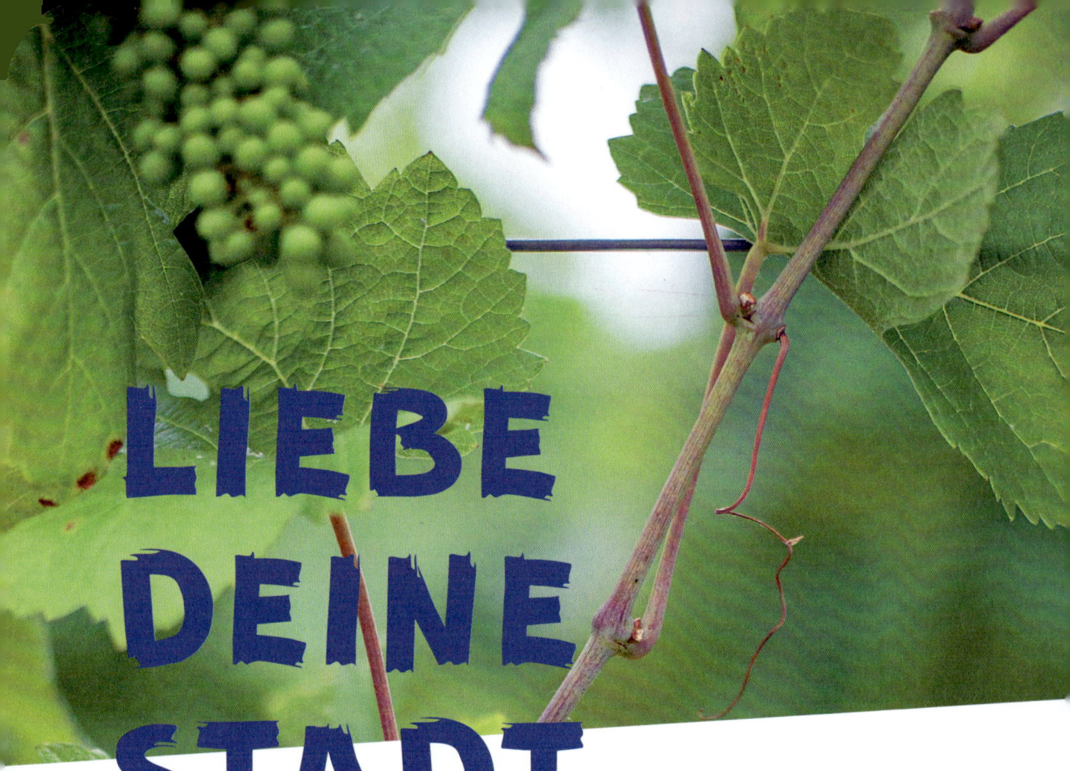

LIEBE DEINE STADT

… quer durch Köln

#20

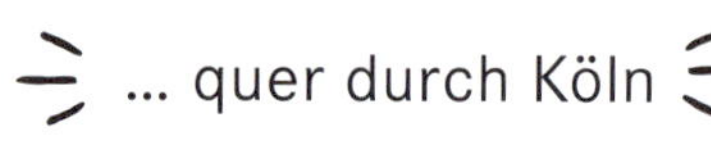

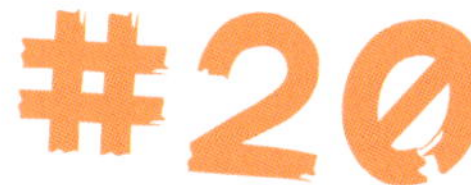

»Drinkste ene met?« lautet Paragraph 10 des Kölschen Grundgesetzes. Zumeist ist hierbei zwar der in Köln gebraute Gerstensaft gemeint und in Kölsch-Kneipen ist der Köbes nicht begeistert, wenn man etwas anderes als Kölsch bestellt. Hier bezieht sich die Frage jedoch auf ein Getränk, das in Köln eine längere Tradition hat.

#aufderGenussspur #keinEssenaufdemKölnerTeller #singenopKölsch

→ PLAUDERN UND GENIESSEN

Bei den Stadttouren geht es familiär zu: In einem Bulli finden neben dem Fahrer nur noch acht weitere Personen Platz.

Es gibt Städte, da identifizieren sich die Einwohner in einem normalen Maß mit ihrem Wohnort. Und dann gibt es Köln. Die Höhner bringen es auf den Punkt: »Hey Kölle – do ming Stadt am Rhing, he wo ich jroß jewode ben. Do bes en Stadt met Hätz un Siel. Hey Kölle, do bes e Jeföhl!« Zu hochdeutsch: »Hey Köln, du, meine Stadt am Rhein, hier, wo ich aufgewachsen bin. Du bist eine Stadt mit Herz und Seele. Hey Köln, du bist ein Gefühl!« Und die Höhner sind beileibe nicht die Einzigen. Ob die Bläck Fööss mit »Et Spanien Leed«, Kasalla mit »Stadt mit K« oder Cat Ballou mit »Et jitt kei Wood« – die Liste ließe sich beliebig erweitern.

Da verwundert es nicht, dass es in Köln viele Stadttouren gibt, bei denen Touristen voller Stolz die Besonderheiten der Stadt gezeigt werden. Zwei davon sind auch für Einheimische interessant – weil sie erstens auch Genusstouren sind und zweitens zu Orten führen, die nicht auf der Liste der Sehenswürdigkeiten der Stadt vermerkt sind. Der Anbieter heißt wie die Kampagne des Konzeptkünstlers Merlin Bauer und das Lied von Rapper Mo-Torres, der Band Cat Ballou und dem Fußballer Lukas Podolski: »Liebe Deine Stadt«. Auch das Fortbewegungsmittel ist speziell, erkundet wird die Stadt per Oldtimer-Bulli T3. Kölntypisch getauft auf die Na-

Bei IMI Winery in Ehrenfeld werden die selbst angebauten Bio-Trauben zu Wein verarbeitet.

men Mariele und Pitter und, ebenfalls kölntypisch, in den Farben Rut un Wiess. Am Steuer sitzt jemand, der sich besonders gut in der Millionenstadt auskennt. Während der Fahrt werden Geheimtipps weiter- und kölsche Anekdoten zum Besten gegeben. Die musikalische Untermalung kann aus kölschem Liedgut bestehen, muss aber nicht. Die vertrackte Einbahnstraßen-Situation meistern die Fahrer bravourös. Auch die Standorte der Kölner Teller – das sind Bremsschwellen auf der Straße – sind bekannt. Einen Parkplatz zu finden kann allerdings auch für sie zu einer Herausforderung werden.

»Liebe Deine Stadt« bietet verschiedene Touren an (www.liebedeinestadt-touren.de). Die Erlebnisse Wine Tasting und Wine & More können perfekt in den Feierabend integriert werden, finden sie doch mittwoch- und freitagabends statt. Nun mag sich so mancher fragen, warum ausgerechnet in dieser Stadt Wein-Touren angeboten werden und keine Kölsch-Touren. Die Antwort darauf ist so einfach wie das Wissen darum wenig verbreitet: Die Weingeschichte Kölns reicht viel länger zurück als die Biergeschichte! Es gab eine Zeit, da wurde innerhalb der Stadtmauern großflächig Wein angebaut. Heute gibt es noch genau einen Weinberg in der Stadt; der liegt allerdings an einem ganz besonderen Ort.

Zu viel soll nicht verraten werden, nur das noch: Ein Stopp bei der Wine Tasting-Tour

Auch im JuBo Weinhaus fehlt der lokale Anstrich nicht.

wird bei der IMI Winery in Ehrenfeld eingelegt. Und hier wird es noch mal lokalpatriotisch. Die Trauben für den angebotenen Bio-Wein stammen zwar von Weinbergen in der Pfalz – die Etiketten auf den Flaschen aber zeigen Motive von Streetart-Künstlern aus dem Veedel. Zudem reifen die Bio-Trauben in Fässern und Tanks mitten in der Stadt; der gesamte Herstellungsprozess findet in Ehrenfeld statt. Mithelfen ist erlaubt und erwünscht, die sympathischen Winzer beantworten gerne Fragen.

Und so lautet die Antwort auf die Frage »Habt ihr eine gute Zeit verbracht?« am Ende der Fahrt: »Eine superjeile Zick!« Singen funktioniert nach dem Weingenuss übrigens auch viel besser. Sogar auf Kölsch.

FAZIT: EINE FEINE GENUSSTOUR VOLLER GENUSS PUR.

Hin & weg: Haltestelle Köln Hauptbahnhof.

Beste Zeit: Frühling

Dauer: 2–3 Std., bei anschließender Einkehr im Restaurant auch länger.

Ausrüstung: Fotoapparat für schöne Erinnerungen.

MUẞE-STUNDEN

#21

Auch wenn man es vielleicht nicht vermuten würde – Worringen bietet einiges an Besonderheiten. Im hiesigen Getränkemarkt steht beispielsweise eine Bier-Orgel. Und mit dem Worringer Bruch findet sich hier ein ganz besonderes Naturschutzgebiet.

An manchen Ecken lassen sich auch im Hochsommer noch kleine Wasserstellen finden.

Mooren und Sumpfgebieten wohnt ein eigentümlicher Zauber inne. Geschichten und Gedichte ranken sich um solch schwer zugängliche Landschaften, in denen sich durch die Abgeschiedenheit und die besonderen Bedingungen oftmals ein reiches Tier- und Pflanzenleben entwickeln kann. Die Schutzwürdigkeit des Worringer Bruchs wurde durch die Verleihung des europäischen Schutzstatus der Flora-Fauna-Habitat-Richtlinie bestätigt. Die Kölner haben also Glück: Das hufeisenförmige Naturschutzgebiet im äußersten Kölner Norden kann ein Refugium für seltene und bedrohte Tier- und Pflanzenarten bleiben und ist vor Eingriffen geschützt. Seine besondere Form, entstanden aus dem Mäanderbogen einer alten Rheinschlinge, ist aus mehreren Richtungen gut auszumachen. Der Worringer Bruch zeichnet den Rheinverlauf vor etwa 5000 Jahren nach. In seinem Inneren umschließt das Hufeisen landwirtschaftliche Fläche. Im Sommer wogen die Ähren im Wind, die dunkelgrün belaubten Bäume heben sich vor einem hellblauen Himmel mit weißen Schäfchenwolken ab. Von den Wegen aus bieten sich immer wieder interessante Blicke in das durch die Wasseransammlungen dichtbewachsene Unterholz.

Es ist eine ganz besondere Stimmung, die hier herrscht. Durch den scharfen Kontrast zwischen draußen und drinnen, zwischen den hellen Getreideflächen und den durch Bäume verschatteten Abschnitten im Inneren, erhält dieses Gebiet seine spezielle Anmutung. Es wird darauf hingearbeitet, die natürlichen Lebensgemeinschaften des Bruchwaldes wieder mehr herauszuarbeiten und dann zu erhalten. Wer sich im Sommer in der Dämmerung hierhin wagt, wird vielleicht mit der Sichtung von Glühwürmchen belohnt. Man sollte allerdings

Fast wie ein Chamäleon und nur schwer zu entdecken - daher öfter mal nach unten schauen!

nicht nur darauf achten, auf den Wegen zu bleiben, sondern auch immer mal wieder auf den Boden schauen. Die braunen Erdkröten sind sehr gut getarnt und auf den Wegen kaum auszumachen. Am höchsten Punkt Kölns, dem Monte Troodelöh, liegt ein Gipfelbuch aus. Der geografisch tiefste Punkt Kölns, der Worringer Bruch, wird nicht auf gleiche Weise geehrt. Einem kleinen drachenähnlichen Wesen - dem Kammmolch - kommt die fehlende Beachtung entgegen. Ornithologen und Hobby-Vogelkundler freuen sich über Nachtigallen und Pirole, die hier heimisch sind und einen für sie geeigneten Lebensraum vorfinden. Fledermaus, Waldkauz, Schleiereule, Zauneidechse und einige andere Tierarten fühlen sich ebenfalls wohl. Dieser Feierabend-Ausflug ist also besonders für Naturfans geeignet, die sich über mögliche Tiersichtungen freuen und die Mußestunden am Abend zur Entschleunigung nutzen möchten.

FAZIT: DIE KLEINEN DRACHEN – KAMMMOLCHE – VERSTECKEN SICH MEIST GUT, DAHER IST ES GAR NICHT SO SCHAURIG, ÜBERS MOOR ZU GEHEN!

Hin & weg: Haltestelle Worringen.

Beste Zeit: Sommer.

Dauer: 2 Std.

Ausrüstung: Festes Schuhwerk.

DEN KLEINEN FREITAG FEIERN

... beim meet & eat Köln in der Altstadt-Nord

#22

Was man lange nur aus Metropolen wie London oder New York City kannte, hat seinen Weg nach Köln gefunden. Das Konzept des regelmäßig stattfindenden Genussmarktes, bestehend aus vielen verschiedenen Food Trucks, wird begeistert angenommen.

#Veedelstreff #kosmopolitischesFlair #Geheimzutat

→ PLAUDERN UND GENIESSEN

Die Churros Bros waren von Anfang an mit dabei und kommen immer wieder gerne.

Offiziell heißt der Schlemmermarkt meet & eat – doch von Kölnern wird er der Feierabend-Markt genannt. Für viele ist der Donnerstagabend nun ein Jour fixe; sie treffen sich jede Woche hier, man muss sich nicht mehr extra verabreden. Entspannt geht es zu, in jeder Jahreszeit versprüht der Markt einen eigenen Charme. Im Winter sind die Bäume beleuchtet, farbige Lampions vertreiben das Wintergrau. Im Sommer schmückt das dichte Laubwerk der Bäume den Platz. Der Markt am Rudolfplatz, bestehend aus mehreren Food Trucks vor der Kulisse des Hahnentors und mitten zwischen hohen Platanen, hat sich seit 2015 vom Geheimtipp zum allseits beliebten Veedels-Treffpunkt entwickelt. Der Rudolfplatz wird dabei auf positive Art belebt: Die Marktleitung hat ein Auge auf Umgangsformen; Abbau und Reinigung nach dem Markt sind organisiert. Für Idee und Umsetzung

Vor der Kulisse der Hahnentorburg findet der Schlemmermarkt statt. Unter anderem ist dort regelmäßig »Das PizzaPrinzip« zu Gast.

zeichnen die Marktverwaltung der Stadt Köln und die AgrarKonzept – Gesellschaft für ökologische Agrarwirtschaft mbH verantwortlich.

Zwei Anbieter der ersten Stunde sind Goodman's Burger Truck, gegründet von einem Frauen-Duo, und die Churros Bros, gegründet von zwei Brüdern. Beide Teams sind immer noch voller Begeisterung mit dabei, die beiden Gründerinnen von Goodman's kommen nun häufig privat hierher. Ihr Unternehmen hat sich seit der Gründung stark vergrößert, sie besitzen inzwischen sechs Food Trucks und haben mehrere Angestellte. Die Churros Bros verkaufen beim Markt auf dem Rudolfplatz nach wie vor selber, weil sie die Atmosphäre so schätzen.

Es ist nicht selbstverständlich, dass man mit seinem Food Truck an diesem schönen Ort stehen darf. Zunächst muss man ein Auswahlverfahren durchlaufen, sich und seine Idee vorstellen und von sich überzeugen. Das Angebot muss zudem ins Konzept passen, insgesamt soll es möglichst breit gefächert sein. Dank der arbeitnehmerfreundlichen Öffnungszeiten kommen auch Berufstätige in den Genuss dieses besonderen gesellschaftlichen Erlebnisses. Ansonsten lockt der Markt Menschen aller Altersgruppen an. Für Familien ist ein Besuch auf dem Markt entspannt, denn jedes Familienmitglied kann aus einem breiten Angebot aussuchen, was er oder sie mag. Wer möchte, teilt sich verschiedene Gerichte und kann so mehr probieren, für jeden Geschmack sollte etwas dabei sein. Jeden Donnerstagabend, außer an Feiertagen und bei Unwetter, kann man hier eine kulinarische Weltreise unternehmen und entdeckt dabei vielleicht die neue Lieblingsspeise!

Die Küche ist international und regional, rheinische Spezialitäten werden teilweise modern interpretiert. Die Lebensart ist typisch kölsch, es geht um geselliges Beisammensein, um einen schönen Abend mit Freunden und das Schließen neuer Bekanntschaften. Sitzgelegenheiten und Stehtische sind vorhanden. Für usseliges Wetter gibt es einen überdachten Bereich. Obwohl Abwechslung reichlich vorhanden ist, lassen sich die Organisatoren immer mal wieder etwas Neues einfallen – wie beispielsweise den »Wettbewerb um die Geheimzutat«. Die Spielregeln: Jeder Stand erfährt erst am Nachmittag, welche Zutat – zum Beispiel Bärlauch – geliefert werden wird. Damit soll gekocht, gebacken, gedünstet, gemixt, also etwas Schmackhaftes zubereitet werden. Nach der Verkostung wird entschieden: Welcher Stand hatte die leckerste Idee und gewinnt damit den Wettbewerb?

FAZIT: SO VIELE FARBEN, GERÜCHE, EINDRÜCKE – AM ALLERBESTEN SCHMECKT ES AN DER FRISCHEN LUFT, UNTER FREIEM HIMMEL!

Hin & weg: Haltestelle Rudolfplatz.

Beste Zeit: Sommer.

Dauer: 1–5 Std.

Ausrüstung: Geldbeutel und Hunger.

Gemüse op Kölsch

... in der Flora in Riehl

#23

Bei so manchen Pflanzennamen muss man wirklich schmunzeln. Im Bauerngarten der Kölner Flora findet man nicht nur die botanischen und die deutschen Namen auf den Schildern neben den Gewächsen, sondern auch die kölschen!

#esgrüntsogrün #LieblingsfarbeLieblingsort #kuriosePflanzennamen

»Das hier sind unsere ‚kölschen Pänz‘ – sie sind hier groß geworden!« So liebevoll werden die Palmen der einzigen ausgepflanzten Palmenallee Nordeuropas betitelt, die sich fast genau auf der Grenze zwischen Botanischem Garten und Flora befindet. Die separaten Gartenanlagen gibt es nicht mehr; sie wurden schon vor geraumer Zeit zusammengelegt. In diesem einen Satz stecken die zwei Herzen, die in dieser grünen Oase schlagen. Es steckt darin, was sie ausmacht, besonders macht, von anderen Anlagen unterscheidet: Die Fürsorge, die Gärtner*innen und Ehrenamtler*innen den Pflanzen zuteilwerden lassen. Und die Köln-Verbundenheit, die an verschiedenen Stellen zutage tritt: Bei dem Farb-Beet, das ausschließlich mit rut un wiess blühenden Blumen bepflanzt wurde und beim Bauerngarten, in dem auf vielen Schildern der kölsche Name steht. Sollte man die Pflanze nicht erkennen, hilft das für den Garten gestaltete und hier ausliegende Buch »Gemüse op Kölsch« weiter. Etwa 100 bis 150 Arten wachsen insgesamt im Bauerngarten, vorrangig Gemüse und Kräuter. Besonders schön und interessant ist es im Frühsommer, wenn Kollrav und Schlot groß werden und noch nicht abgeerntet sind. Öllich und Möhren wachsen hier einträchtig nebeneinander, ebenso die Päädsbunn und das Bohnenkraut. »Auf gute Nachbarschaft« würde der Kölner sagen, der leicht mit anderen ins Gespräch kommt. Manche Pflanzen verstehen sich besser untereinander als andere und einige profitieren von der Nähe: Das Bohnenkraut beispielweise hält die Blattläuse von den Puffbohnen fern.

Für viele Kinder, aber auch für manche Erwachsene, ist dies ein Ort, an dem sie etwas zum ersten Mal sehen. Da gibt es schon mal

Die 11,5 Hektar große Gartenanlage beherbergt 12 000 kultivierte Pflanzenarten aus aller Welt. Heimische Nutzpflanzen gibt es im Bauerngarten zu entdecken.

Ausrufe des Erstaunens und der Verwunderung: »So sieht also Currykraut aus?!« Man darf vorsichtig mit den Fingern über die Blätter streichen und den Duft von Curry, Rosmarin oder Thymian genießen. Ist einer der Gärtner zugegen, darf man seine Fragen stellen – oder man meldet sich zu einer Führung an. Ein Teil, der ein wenig abseits der üblichen Laufwege liegt und daher auch unbekannter, aber keinesfalls uninteressanter ist, das ist der Medizinal-Garten. Hier wachsen Heilkräuter, nach Anwendungsgebiet oder Wirkstoff sortiert. Das Alpinum mit angrenzendem See, in dem zahllose Seerosen schwimmen und Frösche ein munteres Quak-Konzert veranstalten, sollte beim Besuch keinesfalls ausgelassen werden. Ob sie wohl auf Kölsch quaken? Man wird es nicht erfahren. Dass sie sich wohlfühlen und gerne hier leben, das ist offensichtlich.

Das kostenlos zugängliche Areal wird auf unterschiedlichste Art und Weise genutzt: von Ruhesuchenden, von Jogger*innen, von Naturliebhabern, zum Frühstück im Duftgarten, zur Mittagspause im Gartenlokal Dank Augusta, nach Feierabend zum Spaziergang. In heißen Sommern findet man kühle Ecken, nach Regengüssen ist der Gang durch den Duftgarten betörend. Im Sommer ist bis Sonnenuntergang geöffnet (www.stadt-koeln.de/artikel/20040/index.html). Dann darf der Feierabend ausgiebig genossen werden, mit vielen neuen Erfahrungen und Sinneseindrücken.

FAZIT: EIN HOCH AUF DIE FREUNDSCHAFT! DIESES ERLEBNIS IST BESONDERS DAZU ANGETAN, ES MIT EINEM LIEBEN MENSCHEN ZU TEILEN.

Hin & weg: Haltestelle Zoo/Flora.

Beste Zeit: Sommer.

Dauer: 2–3 Std.

Ausrüstung: Ein Kölsch-Wörterbuch!

ZWISCHEN WEINREBEN SPAZIEREN

#24

Wo sonst könnte man auf einem Dach mitten in der Großstadt zwischen Weinreben lustwandeln? Die beste Zeit für einen Besuch in luftiger Höhe ist die Reifezeit der Weintrauben, denn dann kann und darf probiert werden!

#weinselig #hochhinaus #WeinstattBier

Der Blick vom Weinberg direkt in die Großstadt.

All die Verpflichtungen tagein tagaus können einem zuweilen über den Kopf wachsen – mit einer kleinen Auszeit auf einem ganz besonderen Dach, dem des Kölner Weindepots, rückt der Alltagstrott in weite Ferne. Hier gedeiht der Blaue Kölner und neben ihm über 40 andere Rebsorten, etwa 720 Rebstöcke sind es insgesamt. Diese Dachbegrünung wächst Familie Wittling, die inzwischen in 3. und 4. Generation Weindepot und Weinmuseum betreibt, während ihrer Arbeitszeit über dem Kopf – zum Glück aber nicht über den Kopf.

Die Idee zu einem »grünen Hut« für ihr Dach sorgte nur anfänglich für leichte Kopfschmerzen – da Wein tief wurzelt, war die Aufbringung einer nicht unerheblichen Schicht Erdreich sowie einer Lava-Bims-Mischung nötig. Diese wurden mithilfe von riesigen Rohren auf das Dach geblasen. Ein Boden aus Stahlbeton mit einem Quergerippe zur zusätzlichen Stabilisierung ist nötig, um das Gewicht tragen zu können. Ein großer Vorteil der Dachbegrünung ist das gleichmäßige Klima, das dadurch im Gebäude herrscht; eine Klimaanlage wird nicht gebraucht.

Während der Öffnungszeiten des Museums kann man hinaufsteigen und mit einem Glas Wein in der Hand zwischen den Rebstöcken spazieren gehen. Zwei Probiergläser Wein sind im Eintrittspreis enthalten. Zur Reifezeit der Trauben dürfen diese auch gekostet werden; etwa die Hälfte sind Weißweintrauben, die andere Hälfte Rotweintrauben. Der Besuch des Weinmuseums lohnt ebenfalls unbedingt. Überall lassen sich liebevoll durchdachte Details entdecken, zum Beispiel eine Korkenwand, die in einer Behindertenwerkstatt in Oldenburg entstanden ist. Gerätschaf-

Das Weinmuseum bietet Hintergrundwissen zu Geschichte, Anbau und Verarbeitung.

ten aus vergangenen Zeiten veranschaulichen den Ablauf der Weinherstellung, wie sie früher vonstattenging. In Behältern wird der Gärprozess veranschaulicht und es werden Flaschen in jeder Größe gezeigt – gefüllt entspricht der Preis für die größte unter ihnen dem Preis eines Kleinwagens.

Das Museum gibt einen umfassenden Einblick in die Önologie, die Wissenschaft des Weines. Dabei ist der Weinlehrpfad zwischen den Weinreben auf dem Dach als Weiterführung des Museums anzusehen. Nach dem Besuch bietet es sich an, sich im Weindepot, dem auf deutsche und europäische Weine spezialisierten und biozertifizierten Händler, fachkundig beraten zu lassen. Den ausgewählten Rebensaft nimmt man dann mit an den von hier aus fußläufig erreichbaren Rhein und lässt den Abend genüsslich ausklingen.

FAZIT: BEI DIESER ESKAPADE KOMMEN ALLE AUF DEN GESCHMACK – UND GEMEINSAM IST ES UMSO SCHÖNER!

Hin & weg: Haltestelle Zoo/Flora.

Beste Zeit: Spätsommer/Herbst.

Dauer: 1–3 Std.

Ausrüstung: Weingläser, Käse, Brotstangen, Wasser (für den Ausflug an den Rhein).

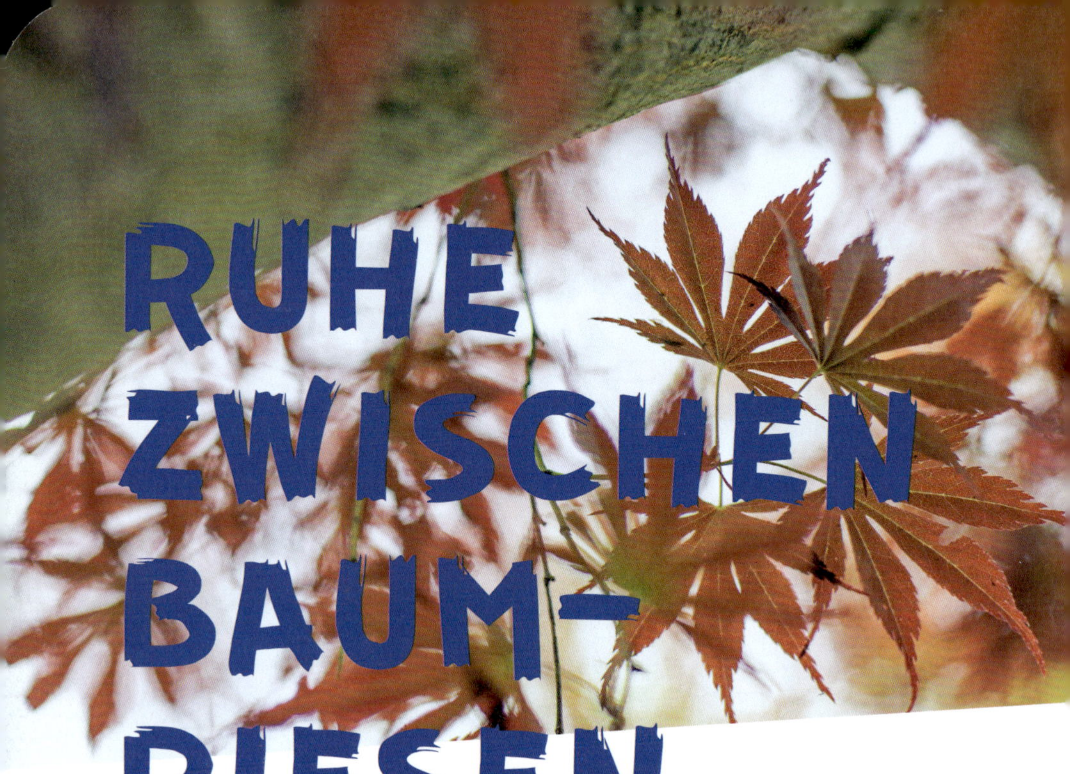

RUHE ZWISCHEN BAUM-RIESEN

... im Forstbotanischen Garten in Rodenkirchen

#25

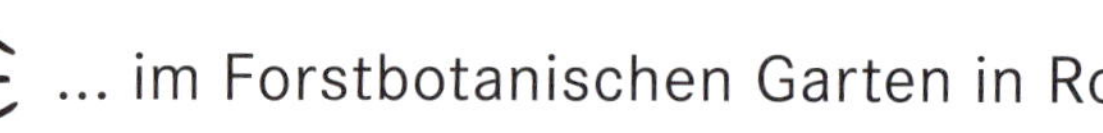

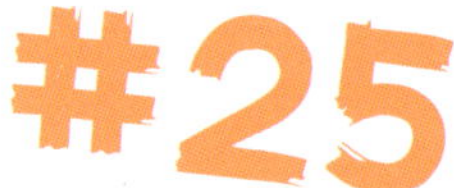

Erdbeeren wachsen nicht auf Bäumen! Doch, es gibt Erdbeerbäume, einige davon stehen im Forstbotanischen Garten. Allerdings schmecken die Früchte nicht so, wie wir es dem Namen nach erwarten würden. Daher werden sie zur Herstellung von Schnaps, Wein und Konfitüre verwendet.

#Wildkräuterbeete #Pfauenwiese #Rhododendronschlucht

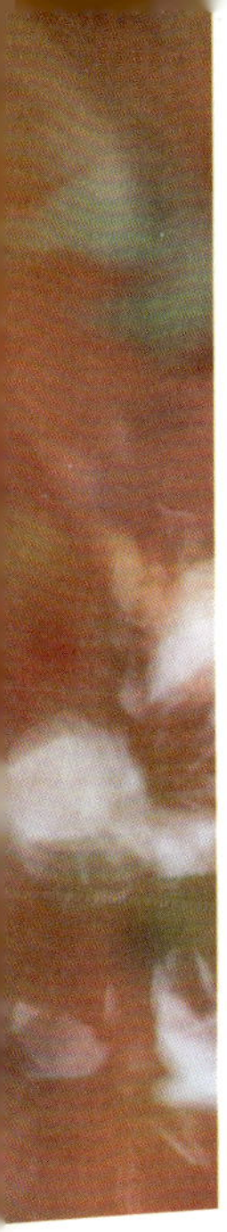

Die Pfauen haben verschiedene Lieblingsorte im Forstbotanischen Garten. Hier streift er durch den Heidegarten.

Es duftet nach Lebkuchen, Karamell und Zuckerwatte: Erinnerungen an weihnachtliches Gebäck oder Kirmesbesuche in der Kindheit steigen in einem auf. Dabei steht man mitten im Forstbotanischen Garten in Rodenkirchen, kein Fahrgeschäft weit und breit und es ist auch nicht Winter, sondern Herbst. Es sind Kuchenbäume, die so verführerisch duften. Ihre Blätter erinnern an dicke Herzen und ihre Färbung wechselt im Herbst zu einem leuchtenden Orangerot. Sie sind eine der weniger bekannten Attraktionen im Forstbotanischen Garten. Auch der Bambushain gehört nicht zu den offensichtlichen Höhepunkten des Gartens – und doch ist Bambus eine ganz erstaunliche Pflanze. Eine spezielle Bambusart schafft in nur 24 Stunden ein Wachstum von etwa einem Meter! Wer sich im Herbst unter den Schwarznussbäumen bewegt, der sollte einen Schirm mitnehmen – die Nüsse im Inneren der Schale sind stahlhart. Mit einem handelsüblichen Nussknacker sind sie nicht zu

Dieses flauschig anmutende Sofa bereitet eine harte Landung – als Sitzgelegenheit besser eine Bank wählen!

öffnen. Nur mithilfe eines Diamantschneiders können dünne Scheiben von den Nussschalen abgeschnitten und anschließend zu Schmuckstücken verarbeitet werden.

Der Forstbotanische Garten ist auf einer ehemals landwirtschaftlich genutzten Fläche entstanden. Inzwischen gedeihen hier nicht nur Gewächse aus aller Welt; es leben auch zahlreiche Tiere auf der Anlage. Füchse, Eichhörnchen, Spechte und Pfaue sind nur einige davon. Die Pfaue bewegen sich frei, haben aber Lieblingsorte. Zur Balzzeit trifft man sie häufig auf der Heidefläche an. Manchmal sitzen sie auch in einem Baum; die Männchen lassen dabei ihr schimmerndes Gefieder herunterhängen. Bei richtiger Lichteinstrahlung ergibt das ein wunderschönes Farbenspiel – das leuchtende Blau und Grün der Pfauenmännchen, die in Rosa und Weiß gefärbte Heide, das Dunkelgrün der Nadelbäume und das strahlende Blau des Himmels.

Mithilfe der neu angelegten Mittelmeerfläche wird einer wichtigen Frage nachgegangen: Welche Pflanzen aus der Mittelmeerregion können jetzt schon auch bei uns wachsen? Es wurden Mittelmeer-Zypressen, Mandelbäume, Elsbeeren, Mispeln, Korkeichen, Granatapfelgewächse, westliche und östliche Erdbeerbäume und zahlreiche Kräuter wie Thymian, Oregano und Rosmarin gepflanzt. Im Sommer duften die Kräuter köstlich und es dringen Laute an die Ohren, die vielerorts schon verschwunden sind: das Summen von Insekten.

Ausruhen lässt es sich trefflich bei der Pfingstrosenwiese. Fast versteckt unter einer hochaufragenden Kaschmir-Zypresse auf ei-

ner Bank, auf der man auch bei Regen trocken bleibt, oder mitten auf der Wiese auf einem Sofa – aber Achtung, nicht in der Hoffnung auf einen weichen Sitzplatz einfach fallen lassen: das plüschig wirkende Möbelstück ist aus Stein! Von hier aus kann man die Goldlärche bewundern, die in der Herbstfärbung aussieht, als würde sie in Flammen stehen. Vor den Toren des Forstbotanischen Gartens kann der Abendspaziergang noch verlängert werden; hier liegt der Mammutbaumwald mit seiner ganz eigenen wunderbaren Anmutung.

Eine unbedingte Empfehlung ist die Teilnahme an einer Führung, die an ausgewählten Tagen im Monat stattfinden. Leiter Ralf Maiwald erzählt mit einer solchen Begeisterung, spannend, kurzweilig und unterhaltsam, dass man danach ein lebendiges Bild des Gartens im Kopf hat.

FAZIT: »VIELEN DANK FÜR DIE BLUMEN!« – UND DIE BÜSCHE, BÄUME UND ALL DIE SAISONAL WECHSELNDEN ATTRAKTIONEN.

Hin & weg: Haltestelle Rodenkirchen Bahnhof oder Siegstraße.

Beste Zeit: Spätsommer/Herbst (Öffnungszeiten des Gartens unter www.stadt-koeln.de/artikel/05258/index.html).

Dauer: 2–3 Std.

Ausrüstung: Sitzkissen, Fotoapparat.

ALLE UNTER EINEM HUT

#26

Nach Feierabend heißt es nicht mehr den Anweisungen desjenigen Folge leisten zu müssen, der den Hut aufhat. Was bei den meisten Menschen üblicherweise unter dem Hut sitzt, soll nun die wohlverdiente Ruhe genießen können. Und wo ginge das besser als an einem schönen Platz im Grünen?

#wiePilzeausdemBoden #Glückspilze #Pilzschirm

Hut ab: Köln ist Pilzhauptstadt! Allerdings nicht die der schmackhaften Speisepilze, sondern die der Wetterpilze. Das sind überdachte Sitz- und Schutzorte, die meist kunstvoll aus Holz gefertigt sind. Sie besitzen einen Stiel mit einem Hut, häufig mit einer kleinen Spitze obenauf und einer Sitzbank rundherum. So gefertigt findet man sie überall auf der Welt. Nur Köln ist einen eigenwilligen stilistischen Schritt weitergegangen. Im Gegensatz zum Rest der Welt stehen hier auch noch etliche Exemplare in Form fest verwurzelter, tonnenschwerer und unverwüstlicher kahler Betonpilze.

Genau wie bei Speise- und Giftpilzen sind die Grundmerkmale variabel, sie sehen nicht alle identisch aus. So manch ein Hut ist inzwischen bemoost; Wind und Wetter können den Wetterpilzen aber nicht viel anhaben. Sie bieten Schutz vor Sonne und Regen, allerdings nicht vor Gewitter, das steht explizit an einigen Exemplaren. Die Wetterpilze dienen als Treffpunkte, sind Startpunkte für Führungen – so zum Beispiel im Forstbotanischen Garten, wo vom Wetterpilz aus die geführten Rundgänge beginnen. Dieser Wetterpilz ist auch ein besonders attraktiver Rastplatz; von hier aus lassen sich hervorragend die frei umherlaufenden Pfaue beobachten.

Ein besonders bekannter Kölner Wetterpilz steht auf dem Pilzberg im Beethovenpark – der Pilzberg ist sogar nach ihm benannt. Von hier oben lässt sich wunderbar der Park überblicken. Vom Wetterpilz auf dem Herkulesberg aus lässt sich sogar ein Blick auf die Spitzen des Kölner Doms erhaschen. Unter www.wetterpilze.de findet man eine Karte mit allen Standorten. Der Kölner Klaus Herda

In vielen Kölner Grünflächen lassen sich Wetterpilze finden. Hier ein besonders hübsches Exemplar im Blücherpark.

startete 2012 die Initiative; inzwischen gibt es Wetterpilz-Sammler rund um den Globus. Die Erkundung führt einen durch ganz Köln an diverse schöne Orte. Am Fühlinger See wurden gleich sechs der skurrilen Beton-Bauten um die Seenlandschaft herum verteilt. Einige Exemplare aus Holz, von denen eines sogar schon über 100 Jahre alt ist, kann man im Stadtwald und dem äußeren Grüngürtel entdecken.

Viele Wetterpilze wurden in den 60er und 70er Jahren des letzten Jahrhunderts errichtet – die Zeit der Partypilze aus Eiern und Tomaten auf dem Büfett, mit weißen Mayo-Tupfen auf den roten Hüten. Der echte Fliegenpilz ist zwar giftig, dennoch gilt er als der klassische Glückspilz – und in Köln haben diese Farben ohnehin eine besondere Bedeutung.

Wer gerne mehr über den Flockenstieligen Hexenröhrling, den Kahlen Krempling und die Krause Glucke lernen und in und um Köln Orte besuchen möchte, wo »echte« Pilze wachsen, der kann über www.wildschytz.com Pilzwanderungen in Köln buchen. Über die Portale zur Wahner Heide werden Pilzkorbinspektionen und Pilzberatungen von zertifizierten Pilzsachverständigen angeboten. Damit ist man auf der sicheren Seite; denn schließlich hat fast jeder genießbare Pilz einen giftigen Doppelgänger.

FAZIT: AB IN DIE WETTERPILZE! GERNE MIT EINER NETTEN BEGLEITUNG, MIT DER MAN BEI REGEN HÄNDCHENHALTEND UNTERM PILZ SITZEN KANN.

Hin & weg: Variiert je nach angesteuertem Wetterpilz.

Beste Zeit: Herbst.

Dauer: 1–3 Std.

Ausrüstung: Buch, kleines Picknick.

ABEND-STUND HAT GOLD IM MUND

... im Literaturcafé Goldmund in Ehrenfeld

#27

Mit Jules Verne in 80 Tagen um die Welt reisen, mit Jonathan Swift Liliput erkunden oder auch in nichtfiktionaler Reiseliteratur schmökern und den nächsten Urlaub planen – all das ist hier möglich, an einem einzigen Feierabend!

#keinEselsohrbitte #mitallenSinnen #Sonnenecke

Im Café Goldmund findet man Bücher aus aller Welt. In diesem Fundus entdeckt sicher jede*r etwas zum Schmökern!

Im Café Goldmund wird der Feierabend pünktlich eingeläutet, um 17 Uhr ist es so weit. Feierabend bedeutet hier, dass die Laptop-Arbeitszeit im Café beendet wird und sich die Gäste den Freuden der Mußestunden hingeben dürfen – zum Beispiel der Lektüre von Hermann Hesses »Narziss und Goldmund«, oder auch dem Schachspiel. Das Goldmund hat viele Stammgäste, darunter einige Stammtische. Die Lokalgruppe der Partei Bündnis 90/Die Grünen trifft sich hier, es gibt einen Spanisch- und einen BookCrossing-Stammtisch. Beim BookCrossing werden Bücher auf die Reise geschickt und dank genauer Kennzeichnung kann ihr Weg mittels einer zentralen Online-Datenbank nachverfolgt werden. Gebrauchten Büchern wird so ein neues Leben geschenkt und Leser können miteinander in Austausch treten. Im Café gibt es einen ausgewiesenen BookCrossing-Bereich.

Die Gruppen freuen sich über neue Mitglieder und über einen regen Gedankenaustausch. Aufmachung und Interieur des Ca-

Lesen, spielen, diskutieren, Kaffee genießen!

fés ziehen dieses Klientel an – bis hoch zur Decke reichen die mit etwa 3000 Titeln gut gefüllten umlaufenden Bücherregale, goldene Schmuckelemente und künstlerische Bilder zieren die freien Plätze an den Wänden. Neben deutschsprachiger Literatur findet man Bücher in englischer, spanischer, französischer und italienischer Sprache. Die Bandbreite reicht von klassischer und moderner Belletristik über Reiseliteratur, Krimis und Kunstbände. Von Zeit zu Zeit wird erneuert und ausgetauscht. Zusätzlich zu den Büchern sind ausgewählte Zeitungen und Gesellschaftsspiele vorhanden.

Seit 2003 gibt es das Goldmund; 2021 wurde nach einem Inhaberwechsel erneuert und renoviert. Die Speisekarte wurde erweitert, es sind nun mehr vegane und vegetarische Speisen im Angebot. Viel Wert wird auf die Zusammenarbeit mit regionalen Unternehmen wie beispielsweise Schamong Kaffee gelegt; die Frischmilch in Bioqualität wird vom Hielscher Hof bezogen. Die angebotenen Weine sind vegan oder vegan-zertifiziert. Alleinstellungsmerkmal und großer Pluspunkt für Feierabend-Enthusiasten sind die großzügigen Öffnungszeiten. Das Café Goldmund hat jeden Tag geöffnet und das Küchenteam verköstigt auch die späten Vögel noch.

Im Winter kuschelt man sich mit einem Buch in eine der Ecken, im Sommer lockt der große Biergarten. Die Freifläche wird für die Saison

Das Klavier ist nicht nur Dekoration.

von der Stadt Köln angemietet und bietet für die meist beengten Ehrenfelder Verhältnisse erstaunlich viel Platz. Aber auch für sonnige Wintertage gibt es draußen einige Tische. Dieser Platz vor dem Café ist eine regelrechte Sonnenecke, in der wintermüde Großstädter mit Vorliebe ihr Gesicht der Sonne entgegenstrecken und dafür sogar kurz ihr Buch beiseitelegen. Eine andere Ecke übt ebenfalls eine besondere Anziehungskraft aus – und zwar die, in der das Klavier steht. Manchmal finden hier Konzerte statt – es ist aber auch schon vorgekommen, dass ein Gast sich spontan ans Klavier gesetzt und für Ohrenschmaus gesorgt hat. In Zukunft sollen zudem Lesungen wieder häufiger den Kulturkalender bereichern.

FAZIT: REISEN IM KOPF AN EINEM GEMÜTLICHEN TISCH!

Hin & weg: Haltestelle Bahnhof Köln-Ehrenfeld.

Beste Zeit: Winter.

Dauer: 2 Std.

Ausrüstung: Bei Bedarf: eine Lesebrille.

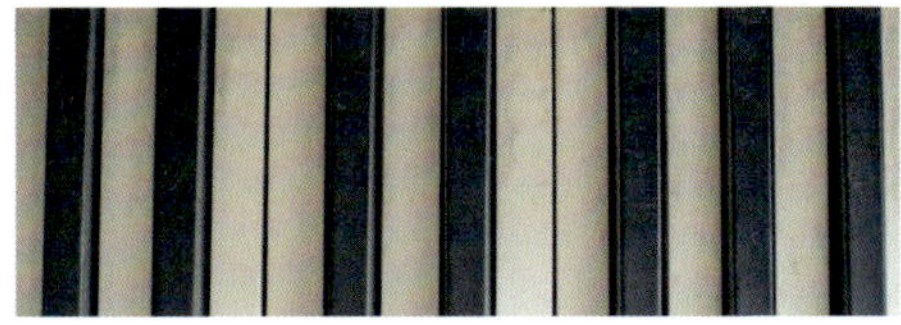

ABSCHALTEN AM WASSER

Gleich drei Brücken über die Autobahn 57 führen in den geometrisch angelegten Blücherpark. An manchen Stellen hört man zwar das Rauschen, je tiefer man jedoch in den Park hineingeht, desto leiser wird es – und der entspannte Teil des Tages beginnt.

Der Blücherpark entstand in den Jahren 1911 bis 1913 nach den Plänen des Gartenbauers Fritz Encke.

Die Kölner mögen Rümcher un Verzällcher. Dabei handelt es sich um humorvolle oder zuweilen auch groteske Geschichten. Solch ein Verzällcher gibt es auch zu dem Weiher im barock anmutenden Blücherpark. In den Sommermonaten ist er einer der schönsten Orte in Köln, um Ruderboot zu fahren. Vor einem kleinen weißgetünchten Haus mit roten Fensterläden schaukeln dann die Ruderboote im Wasser. Manchmal ist der Herbst neblig, manchmal strahlt die Sonne durch die gefärbten Blätter. Ob grau oder bunt, ein Herbstspaziergang, der frische Luft in die Lunge pustet, ist immer eine gute Idee. Vielleicht sieht man Kinder, die auf den großen Wiesen lachend ihre Drachen steigen lassen oder man macht ein paar Übungen beim Trimm-dich-Pfad.

Der kleine Gastronomiebetrieb offeriert schmackhafte Feierabend-Kost, und wer Glück hat, ergattert einen der begehrten Plätze direkt am Wasser. Hier sitzt man, mit Blick auf Wasser und Bäume, und sieht den Ruderversuchen und hektischen Ausweichmanövern amüsiert zu. Es ist nur ein schmaler Abschnitt, auf dem Tische und Stühle Platz finden. Dort, wo er sich mittig zum Park hin weitet, befindet sich die Tanzfläche. Zumindest wird sie in der warmen Jahreszeit häufig als solche genutzt. Oftmals finden Veranstaltungen und Konzerte statt.

Wer würde nach dieser Einleitung glauben, dass genau derselbe verträumte Weiher im Jahr 2016 Schauplatz eines doppelten Schreckmomentes war, der Anlass zu einem Verzällcher gibt? Zunächst einmal wurde das gesamte Wasser abgelassen, weil man auf dem Grunde des Weihers eine Tatwaffe vermutete. Diese fand man dann auch. Und neben der Waffe noch einige Fahrräder sowie diver-

Als der Kölner Norden noch industriell geprägt war, wurde der Park als Erholungsgebiet für die Anwohner angelegt.

sen Plunder – und einen riesigen Wels. Er war 1,70 Meter groß und wog 40 Kilogramm. Größe und Gewicht sind zwar nicht ungewöhnlich für einen Wels, es gibt größere und schwerere Exemplare. Ungewöhnlich ist allerdings, dass er mit einem solch flachen Gewässer vorliebnahm. Mit ihren langen Barteln sehen Welse etwas unheimlich aus – nicht so gruselig wie ein Teufelsfisch, aber doch ein wenig furchteinflößend. Der auf den Namen Willi – das macht ihn gleich weniger unheimlich – getaufte Wels wurde in den Kalscheurer Weiher umgesiedelt. Was beim Neubau des Weihers im Jahr 2019 zutage trat, ist leider nicht bekannt geworden. Weitere Raubtiere besiedeln den Blücherpark, müssen aber nicht umgesiedelt werden: Diese Löwen sind aus Stein und bewachen den sich am nördlichen Rande des Weihers befindlichen Blumengarten sowie die Brutstellen für Wasservögel.

FAZIT: OB RADELND, WANDELND ODER AUF DEM BÖTCHEN – FEIERABEND-VERGNÜGEN PUR!

Hin & weg: Haltestelle Escher Straße.

Beste Zeit: Von Frühling bis Herbst zeigt sich der Blücherpark von seiner besten Seite!

Dauer: 2 Std.

Ausrüstung: Sonnenbrille.

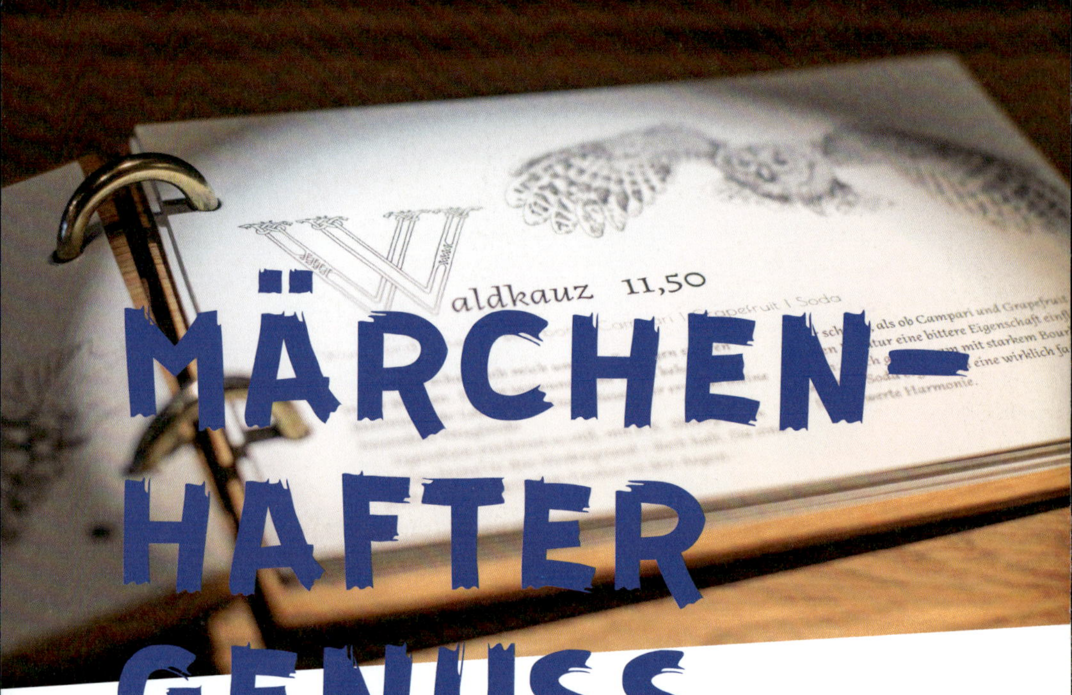

MÄRCHEN-HAFTER GENUSS

... in der Bar Woods in der Altstadt-Nord

#29

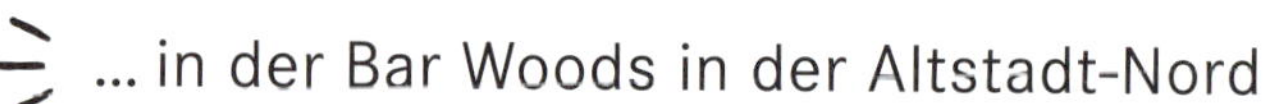

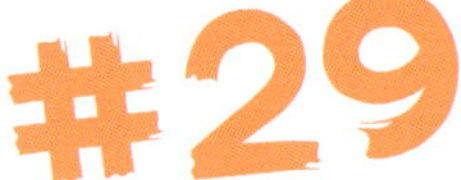

Ein Wald mitten in der Innenstadt, in einer geschäftigen Straße? Zwar stimmt das nicht ganz, doch in der Cocktailbar Woods kommt man dem Waldgefühl ganz nah. Wer Duft und Aromen des Waldes sowie hochklassige Cocktails mag, ist hier goldrichtig.

#RobinWood #eswareinmal #Tischleindeckdich

→ Plaudern und Genießen

Ein Wald mitten in der Stadt? Im Woods auf der Friesenstraße fühlt es sich so an.

Wo stehen Wilhelm Tell, Peter Lustig und Waldtiere wie Waldkauz und Hirsch einträchtig nebeneinander und sorgen gemeinsam für beste Unterhaltung und äußersten Hochgenuss? Sie alle findet man in der liebevoll illustrierten und mit Gedichten und kurzen Prosatexten gefüllten Cocktailkarte des Woods. Dank ihr kann man sich ein genaues Bild von jedem der angebotenen Getränke machen. Sie ist ein kleines Kunstwerk für sich, sogar an eine angenehme Haptik wurde gedacht. In keiner anderen Cocktailbar kann man sich vorab so intensiv auf die Geschmacksnoten einstimmen, die einen erwarten. Man wird an die Hand genommen und in einen zauberhaften Wald voller Geschmackserlebnisse geführt. Ein Schwerpunkt liegt auf Früchten und Aromen des Waldes: Lärche, Korn, Löwenzahn, Brennnessel, Nüsse. Das Thema Wald zieht sich zwar einerseits wie ein roter Faden durch das gesamte Konzept, schränkt die Auswahl andererseits aber auch nicht ein. Es macht Freude, die kreativen Texte zu lesen und nach der Lektüre eine informierte Entscheidung für ein Getränk zu treffen.

Inhaber und Barkeeper Simon Bach hat die Cocktails auf der Karte nicht nur selbst kreiert, er gibt sein Wissen bei Workshops auch an Interessierte weiter.

Die Karte ist nur der Beginn einer Sinnesreise deren Mittelpunkt zwar der Geschmackssinn ist, die anderen Eindrücke dabei aber mitnichten vernachlässigt. Duft und Optik der Cocktails spielen ebenfalls eine wichtige Rolle.

Doch nicht nur die Getränke, auch Ausstattung und Einrichtung der Bar sind eine bis ins kleinste Detail durchdachte Augenweide aus natürlichen Materialien, die das Waldthema aufgreifen. Die Lampen sind individuell gefertigte Einzelstücke, eine Farn-Tapete ist mit Goldfäden durchwirkt. Die Lamellendecke aus Holz kreiert Lichteffekte, wie man sie von Waldlichtungen kennt. Mithilfe eines komplexen Programmes wurde berechnet, wie das Holz geschnitten werden muss, damit die gewünschte Wellenform entsteht. Das verwendete Eichenholz stammt aus einem einzigen Waldgebiet, sodass Art des Wuchses und Maserung sich jeweils ähneln. Ein schöner Nebeneffekt dieser außergewöhnlichen Deckenverzierung: Es entsteht eine tolle Akustik.

Und schon ist man beim nächsten Sinn, der sich angenehm angesprochen fühlen darf: Dem Hörsinn. Leise Hintergrundmusik trägt zur Wohlfühlatmosphäre bei; das Ziel ist, dass beim Gespräch nicht die Stimme erhoben werden muss. Gleich beim Eintritt in die Bar wird der Unterschied zwischen der quirligen Friesenstraße draußen und dem gemütlichen und entspannten Drinnen merkbar. Der Besuch wird schon allein dadurch zelebriert, dass geklingelt werden muss, um eintreten zu dürfen. Exklusivität erlangt die Bar weiterhin durch ihre Größe: 22 Sitzplätze können vergeben werden, eine Reservierung ist daher sinnvoll (www.woods-cologne.de).

Ob mit oder ohne Alkohol, leicht oder stark, fruchtig oder schokoladig, hier sollten alle Geschmacksknospen ihr Zauberelixier zum Erblühen finden. Auf Wunsch kann man sich aber auch ganz individuelle Kombinationen mischen lassen. Und so gibt ein Gast vielleicht den Anstoß für eine neue Kreation, die in der nächsten Karte Berücksichtigung finden wird. Es bleibt also spannend, wer wohl in Zukunft dem Fuchs zur Seite gestellt werden wird – einem Cocktail, der mit List und Tücke vorgibt alkoholisch zu sein und dabei keinen einzigen Tropfen Alkohol enthält. Wer vollends in die märchenhafte Welt der Woods-Cocktails eintauchen will, dem sei unbedingt ein Tasting oder ein Cocktailkurs mit Simon ans Herz gelegt, der nach vielen Jahren des Reisens, Lernens und Ausprobierens nun sein gesammeltes Wissen komprimiert weitergibt.

FAZIT: IN BEGLEITUNG EINES LIEBEN MENSCHEN MACHT EIN AUSFLUG IN DEN WALD DOCH VIEL MEHR SPAß!

Hin & weg: Haltestelle Friesenplatz.

Beste Zeit: Winter.

Dauer: 1–2 Std.

Ausrüstung: Wer mag, kann das schicke Outfit ausführen – ist aber kein Muss!

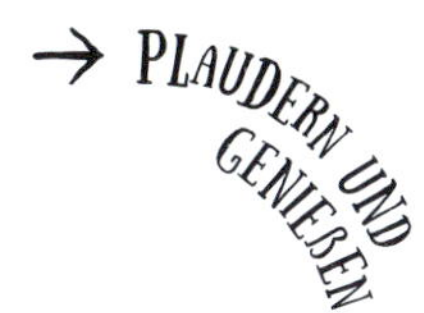

HEUT ABEND BACK ICH

An Karneval sind die Inhaber des Café Nimmersatt schon mal als Raupe und Schmetterling anzutreffen; ihre Törtchen fertigen sie mit so viel Hingabe, dass man sie vor dem Genuss zunächst staunend bewundert. Der Geschmack steht der Optik in nichts nach. Und in Kursen kann man von den Konditoren lernen.

#leckerschmeckerZuckerbäcker #KönigsdisziplinBaumkuchen

Ja, die kleine hungrige Raupe aus dem bekannten Kinderbuch war Namensgeberin. Aber im Gegensatz zur Raupe Nimmersatt, die bei der Ernährung auf Quantität setzt, steht im gleichnamigen Café samt Konditorei in der Kölner Südstadt (www.nimmersatt.cafe) Qualität an erster Stelle. Die hohen Ansprüche, die die Inhaber Isa und Moritz an sich selbst haben, verlangen es so. Hier werden keine Kompromisse gemacht – sogar die recht aufwendig herzustellenden Mürbeteig-Tortenböden für die inzwischen schon berühmten kleinen Törtchen werden vor Ort in der Backstube gebacken. Ein seltener Genuss, fliegen sie doch häufig einmal um die Welt von den Philippinen nach Deutschland, um vor Ort dann lediglich noch mit Obst und Pudding befüllt zu werden. »Jeden Tag eine gute Tarte«, sagt Isa dazu. Gemäß diesem Motto ist es dem jungen Inhaberpaar auch wichtig, dass möglichst nichts weggeworfen wird. Daher macht es Sinn, sich sein Wunschtörtchen vorzubestellen. Ein angenehmer Gegenentwurf zur häufig praktizierten Massenproduktion, der glücklicherweise dankend angenommen wird.

»Die kleine Raupe Nimmersatt« war auch das Thema der Gesellenprüfung von Moritz. Und Nimmersatt sollte ihr gemeinsames Café einmal heißen, da waren sich Isa und Moritz schnell einig. Der Traum von Café und Konditorei ging, nach Lehrjahren in Heidelberg, 2019 in Erfüllung mit der von Erfolg gekrönten Suche nach einem geeigneten Ladenlokal in Köln. Das schöne Ambiente setzt ihren Kreationen das Sahnehäubchen auf. Neben dem Cafébetrieb bieten sie seit 2022 Kurse für Hobbykonditor*innen an, zu Themen wie Mini-Törtchen, Macarons, Hefeteig oder Pralinen. Herzlich und mit viel Sachverstand

Isa und Moritz stellen tatsächlich noch all ihre Köstlichkeiten selber her. »Echtes Handwerk eben, aber wir sind stolz darauf!«

vermitteln Konditormeisterin Isa und Konditor Moritz bei den Kursen Kenntnisse. Mit den gelernten Tricks und Kniffen kann man sich anschließend in der heimischen Küche die Arbeit erleichtern und die Erfolgschancen steigern. Je nach Kursinhalt ziehen bald verführerische Düfte durch die Backstube oder die kleinen Köstlichkeiten nehmen Gestalt an. Die einzige Herausforderung ist nun noch, sich in Geduld zu üben, bis die Schlemmereien ab- oder durchgekühlt sind.

Beschwingt geht man nach dieser schönen Betätigung nach Hause, im Gepäck Leckereien für die kleinen und großen Schleckermäulchen zu Hause. Man kann nun besser nachvollziehen, warum Moritz sagt, dass er nie wieder etwas anderes machen möchte. Obwohl er, wie er sagt, zunächst »aus Versehen« in den Beruf gerutscht ist. Dann hat es ihm aber so viel Spaß gemacht, dass er während der Arbeit die Anstrengung nicht mehr bemerkte. Das ist auch ein Ziel der Kurse: ein Bewusstsein dafür zu schaffen, wie viel Arbeit hinter dem handgemachten Naschwerk steckt. Arbeitnehmerfreundlich finden die Kurse einmal im Monat dienstagsabends statt. Eine Aufwertung eines ansonsten recht farblosen Wochentages, der noch viel zu weit vom Wochenende entfernt liegt. Isa und Moritz laden ein zu einem bewussteren Genießen, eine Entwicklung wie die von der Raupe zum Schmetterling.

FAZIT: MANCHMAL MUSS ES SÜß SEIN – UND DANN GERNE SELBSTGEMACHT! DIE SÜßEN VERSUCHUNGEN GEMEINSAM ZU GENIEßEN BEREITET AM MEISTEN FREUDE!

Hin & weg: Haltestelle Chlodwigplatz.

Beste Zeit: Winter.

Dauer: 3 Std.

Ausrüstung: Band für lange Haare.

HORIZONT ERWEITERN

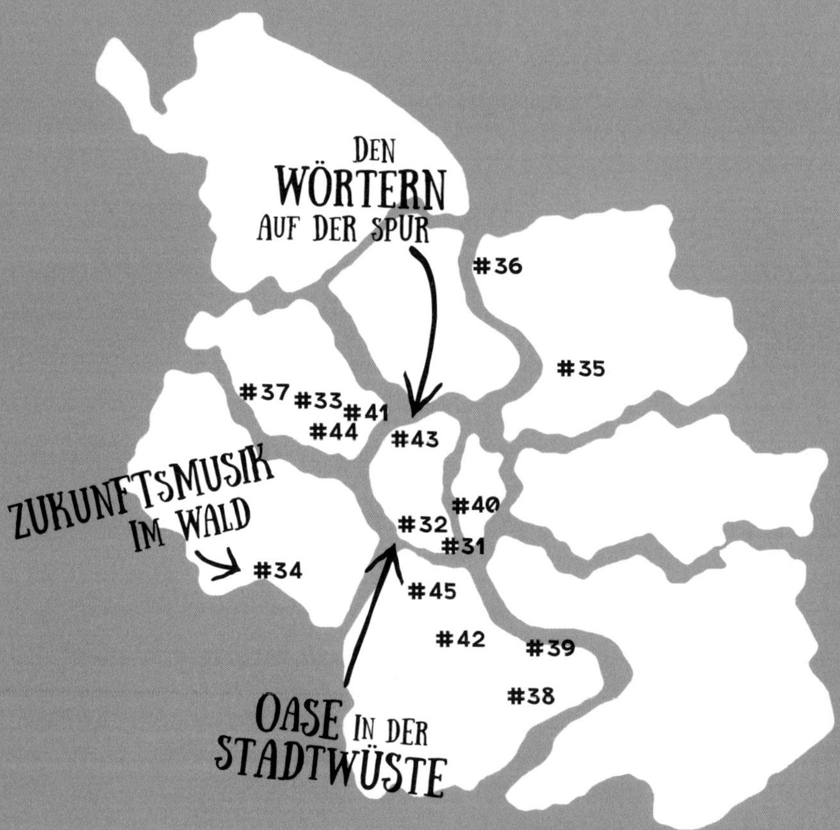

Kunst- und Kulturhäppchen

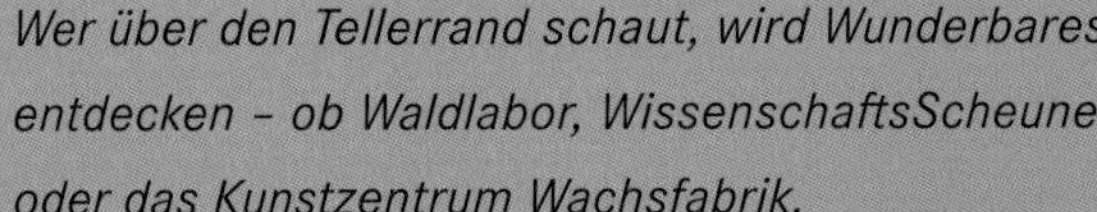

Wer über den Tellerrand schaut, wird Wunderbares entdecken – ob Waldlabor, WissenschaftsScheune oder das Kunstzentrum Wachsfabrik.

SPAZIER- UND GEDANKEN- GÄNGE

#31

Der New Yorker Central Park und der Kölner Friedenspark – was mögen sie gemeinsam haben? In beiden Parkanlagen, so unterschiedlich sie sonst auch sind, findet sich ein »Imagine-Mosaik«, das an den berühmten, zu Frieden aufrufenden Musiktitel von John Lennon erinnert.

#Baumgestalten #dieFarbederHoffnung #grünesFort

Wie in einem verwunschenen Garten fühlt man sich, wenn man im Friedenspark zwischen den hohen Hecken und durch den Laubengang spaziert.

Die Abendsonne steht so, dass man es nicht genau erkennen kann – klettert da jemand den Laubengang hinauf? Bei Annäherung und genauerem Hinsehen entpuppt sich die kletternde Person als knorriger Baum, der sich um das Mauerwerk windet, es umrankt, als Stütze nutzt. Überall im Park überwuchern Pflanzen die alten Festungsmauern des ehemaligen Fort I. Der Park ist so abwechslungsreich gestaltet, dass sich bei beinahe jedem Schritt neue Sichtachsen eröffnen. Neue Ansichten und Einsichten, beides geht hier miteinander einher. Die Gestaltung und die dem Park eigene tiefe Sinnhaftigkeit ergänzen sich und harmonieren miteinander. Da verwundert es, dass der Park zu den eher wenig frequentierten zentral gelegenen Grünanlagen Kölns zählt. Es mag daran liegen, dass der Eintritt in die Gemäuer eine bewusste Entscheidung voraussetzt. Es ist kein Park, der üblicherweise als Durchgangsort genutzt und dabei zufällig entdeckt wird.

Die erst ab 1985 in Friedenspark umbenannte Grünfläche ist in vielerlei Hinsicht Gedenk- und Erinnerungsort. Von seinem Beginn als trutzende Bastion der Wehrhaftigkeit bis zu seiner heutigen Nutzung ist hier viel passiert. Der Universität zu Köln diente die Anlage zeitweise als Mensa; das Kölner Finanzamt unterhielt hier einmal eine Außenstelle und auch das städtische Gartenamt nutzte es bereits. Das Herzstück ist seit 1978 der Bauspielplatz. Ein Schiff, ein riesiger Stuhl, Hütten – alles selbstgebaut aus Holz. Hier dürfen sich Kinder und Jugendliche unter pädagogischer Anleitung nach Herzenslust kreativ betätigen. Im Sommer verwandelt sich der Ort für einige Tage in ein Freilufttheater: Dann spielt hier das NN Theater Köln.

Dem Lied, das der Friedensbewegung als Hymne diente, wurde 2012 im Friedenspark ein Denkmal gesetzt: »Imagine« steht in einem Kreis auf dem Boden. In diesem auch »Imagine Circle« genannten Denkmal gibt es Informationstafeln zu John Lennon und zu dem Lied, in dem er seine Vision von einer friedlichen Gesellschaft beschreibt. Im Friedenspark findet auch das Edelweißpiratenfestival zu Ehren der mutigen, unangepassten Jugend in der NS-Zeit statt. Nicht zuletzt mahnt eine kleine Straße zu Frieden, die 2002 dem Schüler Hans Abraham Ochs gewidmet wurde. Er war als Achtjähriger von Mitgliedern der Hitlerjugend als Halbjude bezeichnet und zusammengeschlagen worden. Wenig später erlag er seinen Verletzungen. Der Friedenspark drückt die Hoffnung aus, dass allen Kindern ein glücklicheres Schicksal beschieden sei und sie in Frieden leben können.

FAZIT: DIE UMBENENNUNG DER GESAMTEN ANLAGE IN FRIEDENSPARK DRÜCKT DAS ENGAGEMENT FÜR FRIEDEN UND DEMOKRATIE UND GEGEN EXTREMISMUS AUS.

Hin & weg: Haltestelle Schönhauser Straße.

Beste Zeit: Frühling.

Dauer: 1–2 Std.

Ausrüstung: Ein Hut, ein Stock, ein Regenschirm.

EINE OASE IN DER GROßSTADT

… der Garten der Religionen in der Neustadt-Süd

Kleine Singvögel baden im Brunnenwasser und schütteln anschließend ihre Federn trocken, Katzen schleichen über Mauern und klettern in Bäumen. Es ist eine friedliche Koexistenz; die wohlgenährten Nachbarskatzen verspüren keinerlei Jagdlust.

#Gartenglück #Sonnenecke #Denkanstoß

Für jede der fünf Weltreligionen findet sich im Garten ein Findling mit einem eingravierten Wort. Die Begriffe sollen zum Nachdenken und Diskutieren anregen.

Im Frühjahr blüht die Zierkirsche üppig. Ausgebreiteten Armen gleich streckt der Baum seine Äste nach links und rechts, daran dicke rosafarbene Blütendolden. Es wirkt wie ein Willkommensgruß. Und willkommen sind an diesem Ort alle, man muss nur den Weg hierher finden. Der Eingang zur Wüsteninsel, zu dieser Grünfläche inmitten der Großstadt, erscheint wie eine gewöhnliche Ein- und Ausfahrt, und die Einbahnstraße ist keine der üblichen Durchgangsstraßen. Zunächst passiert man ein Café, dann öffnet sich der Innenhof und der kleine Park liegt vor einem. Einen Garten gibt es an dieser Stelle schon lange, nur war es ehemals ein Klostergarten – mit Obstbäumen, von denen es auch heute einige gibt, mit Kräuter- und Gemüsebeeten. Nach der Aufgabe des Klosters im Jahr 1999 war er in einem wildromantischen Zustand und wurde bis 2011 zu einem öffentlichen Garten umgestaltet – zum Sonnen, Lesen, Lernen, Meditieren. Der sogenannte Garten der Reli-

Der Blick in den Garten der Religionen ist besonders schön, wenn im Frühjahr die Bäume blühen.

gionen lädt auch ein zum Dialog, man kann aber völlig unabhängig von dieser übergeordneten Idee die Stille genießen und sich an den Pflanzen und Gestaltungselementen erfreuen.

Linker Hand befindet sich eine Glocke, die angeschlagen werden darf. Direkt daneben kann man das »Spiel des Lebens« spielen. Bei einer Führung oder auch auf Nachfrage bekommt man Holzkugeln und darf versuchen, sie in die Mitte des runden Spielfeldes zu rollen – das wird nicht sofort gelingen, die Kugeln rollen anders als gedacht. Zu viel soll hier aber nicht verraten werden! Bewusst wurde im gesamten Garten auf Beschilderung verzichtet, um eine Deutungsoffenheit zu kreieren – man darf seine Fantasie spielen lassen. Über die Jahre sind so bei von dem hier ansässigen katholischen Verband In Via Köln durchgeführten Führungen die kreativsten Interpretationen der einzelnen Stationen zusammengekommen. Im Zentrum des Gartens, auf der Rasenfläche, die betreten werden darf, befindet sich eine Sonnenuhr. Zwölf rechteckige Steinplatten auf dem Boden stellen die Monate dar, Stelen mit römischen Zahlen die Stunden. Das Besondere an dieser Uhr ist, dass man mit seinem eigenen Schatten die Uhrzeit darstellen kann, man selbst ist der Zeiger.

Im Sommer sprudelt ein Brunnen vor einem Schatten spendenden Pavillon. Diese »Quelle« schenkt eine angenehme Erfrischung nach dem Besuch der »Wüste«, einem von

Auf 1750 Quadratmetern sind zehn Stationen verteilt, die dazu anregen, den eigenen Glauben zu reflektieren.

verschieden hohen Begrenzungssteinen eingefassten Areal, das von einer roten Zickzack-Linie durchquert wird. Durststrecke oder Herzschlag – auch hier gehen die Deutungen in alle Richtungen, jeder sieht etwas anderes darin. Neben diesen fünf Stationen zu religionsübergreifenden Themen des Lebens gibt es im hinteren Teil des Gartens Plätze für fünf Weltreligionen: Christentum, Judentum, Islam, Buddhismus und Hinduismus. Die Stationen bestehen jeweils aus einer Bodenplatte mit einem religiösen Symbol und einem Findling mit einem zentralen Begriff darauf. Sie sollen als Impulse für den Dialog dienen. Es ist ein Ort, den selbst viele Kölner nicht kennen: eine grüne Oase zwischen den Häuserschluchten.

FAZIT: MACH ES WIE DIE SONNENUHR!

Hin & weg: Haltestelle Bahnhof Köln Süd.

Beste Zeit: Frühling.

Dauer: 1–2 Std. (der Garten hat von Montag bis Freitag bis 18 Uhr geöffnet; danach bietet sich die Südstadt für einen Restaurant- oder Barbesuch an)

Ausrüstung: Sitzkissen, Buch.

TAUSCH STATT RAUSCH

Die Art und Weise, wie heutzutage häufig Kleidung konsumiert wird, ist alles andere als nachhaltig. Dabei gibt es viele Ideen, das zu ändern und zu verbessern. Die Kleiderei präsentiert ein Konzept, das Ressourcen schont. Es wird in Köln gut angenommen und funktioniert inzwischen auch in Berlin, Stuttgart und Freiburg.

#nichtvonderStange #außergewöhnlichmachtglücklich

Lena Schröder hat sich schon während ihres Modedesign-Studiums mit Nachhaltigkeit beschäftigt.

Keine Bücherei, sondern eine Kleiderei: Eine Mitgliedschaft kostet 29 Euro im Monat; als Mitglied darf man immer vier Teile gleichzeitig ausleihen. Bringt man ein Teil zurück, darf man sich ein neues Lieblingsstück mitnehmen: Kleidung, Schmuck, Accessoires. Dabei ist man komplett flexibel, kann ein Stück nur einen Tag oder auch ein ganzes Jahr lang behalten. Das Konzept klingt simpel – doch der logistische Aufwand, der dahintersteckt, ist nicht zu unterschätzen. Lena Schröder und ihr Team aber scheuen die Arbeit nicht. Für ihr Herzensprojekt investieren sie Zeit und Geld. Ihr Ziel ist es, dass vorhandene Kleidung so lange wie möglich im Kreislauf gehalten wird. Woran die einen sich satt gesehen haben, löst bei anderen große Freude aus – und durch die Weitergabe werden Ressourcen und damit die Umwelt geschont. Die Prämisse ist nicht, gar nicht zu konsumieren, sondern anders. In Köln eröffnete die studierte Modedesignerin Lena die erste Kleiderei. Inzwischen gibt es sie auch in Berlin, Freiburg und Stuttgart; in den beiden letztgenannten Städten als Franchise.

Viele weitere Vorteile ergeben sich aus dem Konzept: Teure Fehlkäufe gehören der Vergangenheit an. Man kann unbeschwert eine neue Stilrichtung ausprobieren, den Wohlfühlfaktor und die Außenwirkung testen und sich dann entscheiden. In der Kleiderei darf man nicht nur ausleihen, die Kleidungsstücke stehen auch zum Verkauf. Außerdem werden Kleiderspenden angenommen, sofern die Klei-

Seit 2016 betreibt sie nun schon den Kleiderei-Store in Köln-Ehrenfeld.

dung gut erhalten ist. Es gibt Kooperationen mit fairen Modelabels. Die Kölner Kleiderei hat inzwischen zwei große Lagerstätten. Die Kleidung muss gesichtet, sortiert, aufbereitet und, wenn nötig, repariert werden.

Der Standort in Ehrenfeld eignet sich perfekt für eine schöne Feierabend-Gestaltung: Erst mit der Freundin oder Lieblingskollegin nach der Arbeit ein Kleid ausleihen und dieses dann direkt beim Restaurantbesuch oder beim Spaziergang durch das angesagte Veedel ausführen. Wem das Konzept gefällt und wen es zum Nachdenken angeregt hat, der hat auch Spaß an Kleidertauschpartys. Direkt gegenüber der Kleiderei finden solche Veranstaltungen mehrmals im Jahr statt.

FAZIT: DER MAI MUSS NICHT IMMER ALLES NEU MACHEN!

Hin & weg: Haltestelle Leyendeckerstraße.

Beste Zeit: Frühling.

Dauer: 1–2 Std.

Ausrüstung: Bequeme Kleidung, die häufiges Umziehen erleichtert.

ZUKUNFTS-(WALD)LUFT

... im Waldlabor in Lindenthal

Ein Aufenthalt im Wald tut gut – und ist es ein so besonderes Waldgebiet wie das beschriebene, ist die Erfahrung erst recht bereichernd. Damit wir uns auch weiterhin am Wald erfreuen und in ihm Kraft tanken können, gibt es das Kölner Waldlabor.

#WaldimWandel #dieWurzelderSache #AbenteuerWildniswald

In der Waldwerkstatt setzen sich Studierende aktiv und gestalterisch mit dem Waldlabor auseinander. Die Ergebnisse stehen für alle zur Erkundung offen.

Reagenzgläser sind kreuz und quer im Raum verteilt, in Kolbengefäßen blubbern bunte Flüssigkeiten. Bunsenbrenner flackern, Zellkulturen in Petrischalen harren der Untersuchung. So stellt man sich als Laie ein Labor vor und all das ist das Waldlabor – nicht. Das Waldlabor ist eine Zukunftswerkstatt, in der erforscht wird, wie der urbane Wald der Zukunft aussehen und wie er bewirtschaftet werden könnte. Das als offizielles Projekt der UN-Dekade Biologische Vielfalt ausgezeichnete Waldlabor ist ein Gemeinschaftsprojekt von der Toyota Deutschland GmbH, der RheinEnergie AG und der Stadt Köln. Seit 2010 spielt hier die Zukunftsmusik, und wer aufmerksam lauscht, der kann sie hören: bei einer der kostenlos angebotenen Führungen beispielsweise. Doch auch ohne Führung besteht die Möglichkeit, sich umfassend zu informieren. Auf Hinweisschildern werden die verschiedenen Bereiche sehr anschaulich erläutert.

Die Installationen laden ein zu Kontemplation und Interaktion – der »Wurzelausbruch« kann durch Daraufsetzen und Anlehnen erfahren werden.

Das Waldlabor besteht aus vier Experimentierfeldern mit jeweils unterschiedlichen Forschungsschwerpunkten: Wandelwald, Klimawald, Energiewald und Wildniswald. Der Wandelwald heißt aus zwei Gründen so: Einmal wird Bezug genommen auf den Weg, auf dem man wandeln kann, und der durch den aus Hackschnitzeln bestehenden Untergrund weich und federnd ist und so ein angenehmes Lauferlebnis bietet. Zum anderen wurden hier durch die Anpflanzung von verschiedenen Baumarten in ungewohnten Gehölzkombinationen sich stetig wandelnde Waldbilder geschaffen. In den sechs jeweils von einer Baumart geprägten Hainen des Klimawaldes werden unterschiedliche Baumarten wie beispielsweise die Mehlbeere im Hinblick auf ihre Widerstandskraft getestet. Sie könnten als besonders trockenheitsresistente Gehölze den in Stadtwäldern vorkommenden Baumarten ergänzend zur Seite stehen oder sie, wenn nötig, ersetzen. Im Energiewald wurden besonders rasch wachsende Baumarten wie Blauglockenbaum und Flatterulme gepflanzt. Das Ziel ist, sie alle zwei bis fünf Jahre ernten

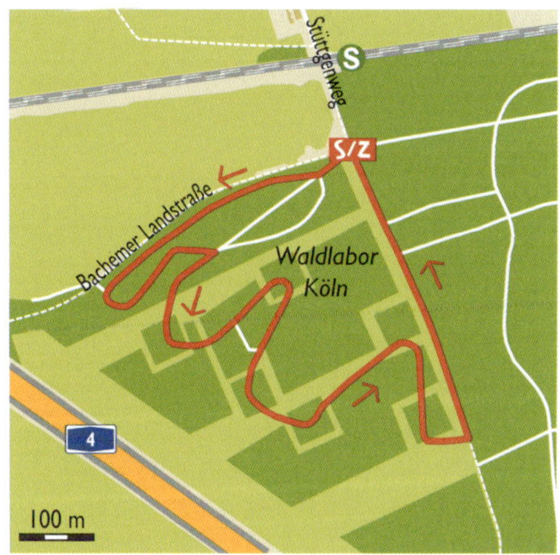

zu können. Ihr Holz wird zu Hackschnitzeln verarbeitet und zur CO_2-neutralen Wärme- und Stromerzeugung eingesetzt. Der Wildniswald wird nicht bewirtschaftet. Aus einer kleinen Initialpflanzung mit Buchen ist bereits ein artenreicher Mischwald entstanden. Dieser Teil ist das Überraschungsei des Waldlabors – welche Pflanzen werden sich durchsetzen? Welche Anmutung wird er haben?

Das Gelände ist jederzeit frei zugänglich; ein pfleglicher Umgang sollte selbstverständlich sein. Alle zwei Jahre wird hier eine Waldwerkstatt organisiert. Studierende der RWTH Aachen und auch von anderen Hochschulen gestalten dabei über mehrere Tage Naturkunstwerke, Kunstwerke inmitten der Natur und aus Naturmaterialien. Dabei lassen sie sich von der Umgebung inspirieren – eine Erfahrung, die am Schreibtisch nicht gemacht werden kann.

FAZIT: EIN ORT, AN DEM MAN WURZELN SCHLAGEN MÖCHTE!

Hin & weg: Haltestelle Stüttgenhof.

Beste Zeit: Sommer.

Dauer: 2–3 Std.

Ausrüstung: Getränk, ggf. kleiner Snack.

Übrigens: GPX-Download auf Seite 229.

fritz-kola

KUNST, MUSIK, THEATER

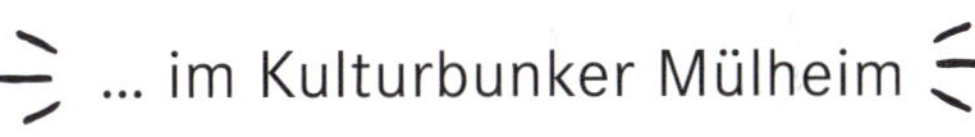

Der Kölner an sich singt ausgesprochen gerne; das belegen die gut besuchten Mitsingkonzerte in der Domstadt. Er mag es aber auch zuzuhören, wie andere Musik machen – zum Beispiel bei einem der Sommerkonzerte im Biergarten des Kulturbunker Mülheim.

#Musikverbindet #singdichglücklich #Köllesingt #SchutzraumfürKunst

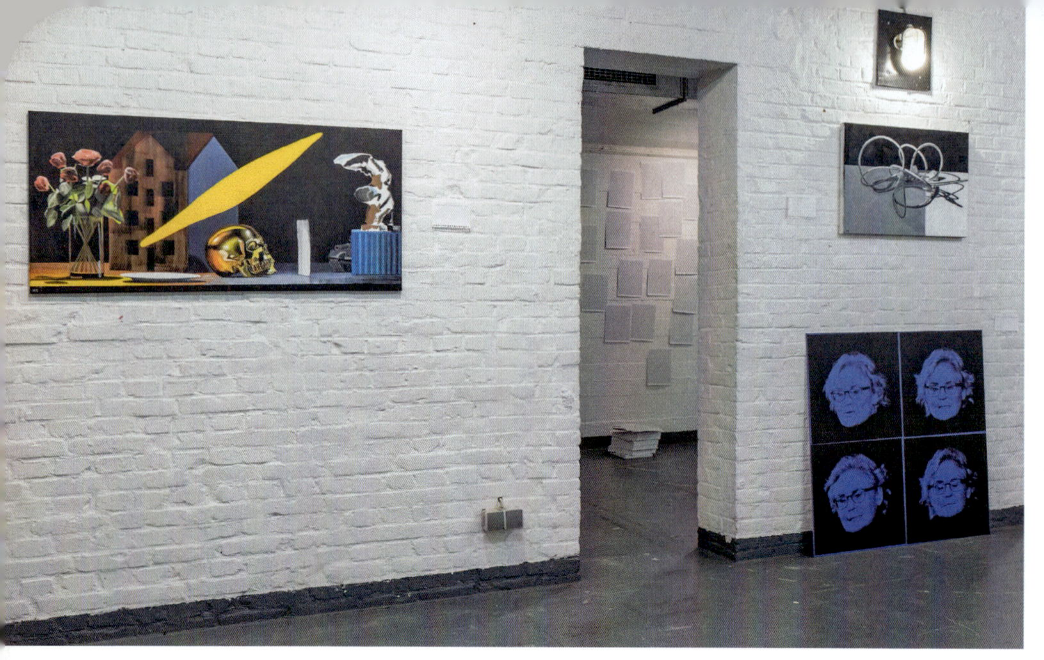

Wechselnde Ausstellungen und ein breit gefächertes Veranstaltungsangebot machen den Kulturbunker immer wieder zu einem lohnenswerten Ausflugsziel.

Im Gegensatz zu dem ebenfalls als Ausstellungsort genutzten ehemaligen Hochbunker auf der anderen Rheinseite in der Körnerstraße, dem Bunker K101, (siehe Eskapade #18) ist hier die spezielle Bunker-Atmosphäre viel weniger spürbar. Sie beeinflusst nicht oder höchstens als Randphänomen die Kunst-Erfahrung und die Stimmung. Das liegt auch daran, dass der Kulturbunker Mülheim saniert und umgebaut wurde. In den Flurbereichen sind Fenster eingebaut worden, sodass Tageslicht hineinfällt. Ausstellungsräume und Saal haben zwar keine Fenster, sind aber hell gestrichen und wirken dadurch freundlicher. Der Hochbunker, der von oben betrachtet wie eine Kirche aussehen sollte, hat vor seiner Zeit als soziokulturelles Zentrum schon vielfältige Verwendungen erfahren, beispielsweise als Hotel. Keine der Nutzungen aber war so dauerhaft und erfolgreich wie die aktuelle. Der eingetragene Verein Kulturbunker Mülheim betreibt das Kulturzentrum.

Auf Initiative des Vereins wurde der Bunker 1996 offiziell von seiner Funktion als Schutzbunker entbunden beziehungsweise »entwidmet«. Auf Betreiben des Trägervereins erfolgte 1997 der Umbaubeschluss durch den Rat der Stadt Köln. Nach aufwendigen Umbauarbeiten wurde der Kulturbunker im Mai 2000 feierlich eröffnet. Im unteren Teil befinden sich Proberäume, oben vermietete Künstlerateliers.

In starkem Kontrast zu dem Bunker ist ein komplett verglaster Anbau hinzugefügt worden. Der helle, freundliche, lichtdurchflutete Raum inklusive Empore wird heute als Café genutzt. Mehrere Terrassen und ein Biergarten komplettieren das Ensemble. Im Biergar-

ten finden im Sommer Live-Konzerte statt. Das Themenspektrum, das hier abgedeckt wird, ist breit, und spricht somit auch einen Querschnitt der Gesellschaft an. Inzwischen kommen überregional bekannte und internationale Künstler*innen, das Angebot reicht von Kunstausstellungen über Konzerte, Flohmärkte, Theateraufführungen, das Zelebrieren von Feiertagen und verschiedenen Festen. Die Räumlichkeiten des Kulturbunkers Köln-Mülheim stehen auch zur Vermietung für öffentliche oder kulturelle Veranstaltungen wie Workshops, Seminare, Lesungen oder Performances zur Verfügung. Die Veranstaltungen sind hauptsächlich über Fördergelder finanziert und niederschwellig, um mehr Menschen den Zugang zu Kunst und Kultur im Stadtteil zu ermöglichen. Eine Bereicherung für das rechtsrheinische Köln und ein gutes Beispiel für eine erfolgreiche Umnutzung.

FAZIT: OB BEMALT, BEWOHNT ODER ALS KULTURZENTRUM GENUTZT – HAUPTSACHE, DIE URSPRÜNGLICH ANGEDACHTE NUTZUNG MUSS NIE MEHR ERFOLGEN.

Hin & weg: Haltestelle Schützenhofstraße / Haltestelle Von-Sparr-Straße.

Beste Zeit: Sommer.

Dauer: 2–3 Std.

Ausrüstung: Das Konzert-Outfit.

AUF DEM DAMM

... in der Flittarder Rheinaue

Eingekesselt zwischen einem Großklärwerk und dem Chempark Leverkusen liegt ein attraktives Stückchen Köln, das eine artenreiche Flora und Fauna beheimatet und büromüden Menschen die Möglichkeit zur Naturerfahrung in der Stadt bietet.

#Zeitreise #abschalten #Naturpur

Im Frühjahr blühen die Bäume auf den Streuobstwiesen. Im Sommer kann man in der Nähe auch Brombeeren ernten.

Das zwischen Rhein und Flittarder Damm gelegene Binnenwasser, mal als Hochflutrinne, mal als toter Rheinarm bezeichnet, ist alles andere als tot; dieses Stillgewässer und das unter Naturschutz stehende umliegende Areal sind ganz im Gegenteil quicklebendig. In der Flittarder Rheinaue konnten sich viele, teilweise selten gewordene Tier- und Pflanzenarten ansiedeln und heimisch werden – entsprechend zwitschert, krächzt und schnattert es munter. Die alten Bäume knirschen und knarzen, die langen Sommergräser werden vom Wind aufgebauscht, niedergedrückt, und erheben sich wieder. Zwischen den hohen Gräsern lugen bunte Tupfen hervor – knallroter Klatschmohn, leuchtend gelbe Butterblumen,

violette Kleeblüten. Der Duft ruft Erinnerungen an Sommertage der Vergangenheit ins Gedächtnis zurück, die Weite ist wohltuend, der Blick schweift umher, das kann er sonst nur selten in der engbebauten Stadt. Zwischen den Bäumen lugt der Colonius hervor und erinnert daran, dass man sich noch auf Kölner Stadtgebiet befindet.

Auf einer Bank mit Blick Richtung Binnenwasser lassen sich diese Sinneseindrücke genießen. Im Sommer verschwindet das Wasser beinahe hinter den dichtbelaubten Bäumen, nur an einigen Stellen lugt es hervor, glitzernd und glänzend im Sonnenschein. Auch unter der Wasseroberfläche ist es lebendig; eine arteneiche Fischfauna hat sich hier entwickelt. Der Hochwasserschutzdamm eignet sich für einen entspannten Feierabend-Spaziergang

Die vielen kleine Trampelpfade sorgen dafür, dass man bei jedem Besuch der Flittarder Rheinaue neue Wege auskundschaften kann.

oder auch eine Radtour. Die Aue ist Überschwemmungsgebiet, wertvoller Lebensraum und Naherholungsgebiet. Durch die Anlage von zwei Streuobstwiesen wurde das Naturschutzgebiet weiter aufgewertet. Sie sind Teil eines größeren Plans, auf Kölner Stadtgebiet alte Kulturlandschaftselemente wieder anzusiedeln und damit Sorten zu erhalten, die sonst verloren gehen würden.

Nach dem Spaziergang auf dem Damm kann man noch einen kleinen Ausflug in die Vergangenheit unternehmen: Nach Flittard, zum Optischen Telegraphen, einem Denkmal der frühen Kommunikationstechnik. Die Flittarder Telegraphenstation wurde bis 2005 als »Kleinstes Museum Kölns« unter der Leitung des Kölner Stadtmuseums geführt; heute ist lediglich am Tag des Offenen Denkmals geöffnet. Führt man sich vor Augen, wie schnell heutzutage Nachrichten versendet und empfangen werden können, dann entschleunigen diese Angaben sicher ungemein: Für 30 Worte brauchte man etwa 90 Minuten, sechs Depeschen pro Tag waren die Regel. Der Begriff Informationsüberflutung war damals noch unbekannt, von ständiger Erreichbarkeit konnte keine Rede sein. Der Ausflug könnte zum Anlass genommen werden, das allgegenwärtige Smartphone für diesen Feierabend einmal zu Hause zu lassen – oder zumindest stumm zu schalten und zuunterst in der Tasche zu verstauen.

FAZIT: ENTSCHLEUNIGUNG OP KÖLSCH – DAS HANDY MUSS SICH ANPASSEN UND DARF KEINEN TON VON SICH GEBEN!

Hin & weg: Haltestelle Edelhofstraße.

Beste Zeit: Sommer.

Dauer: Nach Lust und Laune.

Ausrüstung: Nichts vonnöten!

Übrigens: GPX-Download auf Seite 229.

BIOLOGIE LIVE ERLEBEN

Mit der Ausgestaltung des Landschaftsparks Belvedere wurde eine Lücke im Äußeren Grüngürtel geschlossen. Schaugarten und WissenschaftsScheune sind besonders lohnenswerte Ziele.

#farbenfroherGrüngürtel #ForschungzumAnfassen #StaunenundBegreifen

Der Schaugarten gibt einen Einblick in die Vielfalt unserer Nutzpflanzen. Über 100 Kulturarten wachsen hier auf kleinen Parzellen, auf Schautafeln stehen Informationen zu den Gewächsen.

Sie waren Thema der Satire-Sendung »extra 3«, in der Rubrik Der reale Irrsinn: Die vier Aussichtsplattformen im Kölner Landschaftspark Belvedere. Domblick, Felderblick, Blickfang und Ausblick wurden im Rahmen einer »Steuerverschwendungstour« besucht und gaben Anlass zu Kritik. Was ganz und gar keinen Anlass zu Kritik gibt – ganz im Gegenteil – das sind der Lehr- und Schaugarten und die WissenschaftsScheune, die inmitten des Kulturlandschaftsparks liegen. Sie gehören zum Max-Planck-Institut für Pflanzenzüchtungsforschung und erfüllen äußerst spannende und wichtige Aufgaben. Wie kann die Landwirtschaft der Zukunft aussehen? Welche Anpassungsleistungen sind nötig und wie kann der Mensch sinnvoll eingreifen, um Ernährungssicherheit unter den sich verändernden Bedingungen zu gewährleisten? Klimawandel und eine wachsende Weltbevölkerung stellen traditionelle Modelle vor große Herausforderungen. Etwa 200 Wissenschaftler*innen erforschen in vier Abteilungen die Lebensgemeinschaften von Pflanzen und Bodenmikroben und möchten herausfinden, welche Funktion einzelnen Genen im Netzwerk der Pflanzen zukommt. Erkenntnisgewinne erhofft man sich auch auf dem Gebiet der pflanzlichen Krankheitsabwehr. Ziel ist eine Verbesserung von Merkmalen bei Nutzpflanzen. Dazu schauen sie sich auch die Wildformen der heutigen Kulturpflanzen an – im Schaugarten wachsen Urformen unseres gegenwärtig angebauten Getreides.

Zudem dienen Schaugarten und WissenschaftsScheune als außerschulische Lernorte: rot und weiß blühen die Blumen in einem der Beete im Schaugarten, genau entsprechend der Mendelschen Vererbungsregeln –

so hätte man sich das im Biologieunterricht gewünscht, es hätte sicher zum besseren Verständnis beigetragen und wäre langfristiger im Gedächtnis verankert geblieben. An beiden Orten kann die Neugier auf Pflanzenforschung geweckt oder verstärkt werden und Forschungsergebnisse können anschaulich einer breiten Öffentlichkeit präsentiert werden. Studierende haben hier Parzellen für Anbauversuche. Es gibt eine Streuobstwiese mit circa 40 verschiedenen, vorwiegend alten, Apfelsorten, ein Biotop, einen Magerstandort. Hunderte Kulturpflanzen sind hier zu sehen, darunter Flachs, Mais, Bohnen. Jede Jahreszeit bietet andere interessante Einblicke. Für Führungen kann man sich anmelden, ab 10 Personen kommt ein Termin zustande (www.wissenschaftsscheune.de). Die Vielfalt ist beeindruckend und erinnert daran, dass sie unbedingt erhaltenswert ist.

FAZIT: SCHULTERSCHLUSS FÜR EIN GRÜNERES KÖLN – RUT UN WIESS TRIFFT GRÜN!

Hin & weg: Haltestelle Goldammerweg.

Beste Zeit: Sommer, Juni–September.

Dauer: 2–3 Std.

Ausrüstung: Die Notizen aus dem Biologieunterricht – werden hier nicht benötigt!

FEIER-ABEND-KONZERTE

... im Kunstzentrum Wachsfabrik in Rodenkirchen

#38

Es gab einmal mehrere davon in Köln, viele mussten inzwischen einer anderen Bebauung weichen. Im Kölner Süden findet sich noch eines, ein Kunstzentrum, in dem viele verschiedene Künstlerinnen und Künstler leben und arbeiten. Sie laden ein zu Atelierbesichtigungen und Konzerten.

#Kunstfüralle #Ohrenschmaus #SinfoniefürdieSinne #Hörgenuss

Es ist kein Künstlerkollektiv, das die Räumlichkeiten im Kunstzentrum Wachsfabrik in Köln-Rodenkirchen belebt, alle arbeiten und schaffen für sich allein. Und dennoch ist der Gemeinsinn charakteristisch für diesen Ort. Man hilft sich gegenseitig, gestaltet Innen- und Außenräume gemeinsam, verbringt Zeit miteinander, tauscht sich aus. Im Winter trifft man sich am Kamin-, im Sommer am Lagerfeuer. Diese offene Haltung zeigt sich auch an den Kunstsonntagen. An jedem ersten Sonntag im Monat öffnen einige der Ateliers, werden Werke gezeigt, können Interessierte mehr über Techniken und Schaffensprozesse erfahren. Jeder Raum ist anders, hinter jeder Tür verbirgt sich eine andere Welt. Solche Ein-

An allen Ecken auf dem Gelände der Wachsfabrik lassen sich Spuren der Künstler*innen finden.

blicke sind äußerst rar, möchten doch viele Kunstschaffende die Aura des Geheimnisvollen bewahren, die ihre Berufung umweht. Man darf sich also in vielerlei Hinsicht glücklich schätzen, diesen Ort gefunden zu haben – recht unvermutet, an einer großen Straße, die ihren Namen Industriestraße nicht ohne Grund trägt. Manchmal ist sogar ein Blick in die privaten Wohnräume möglich; viele der Künstler*innen leben neben oder über ihren Ateliers und Ausstellungsräumen.

Randvoll mit Eindrücken lässt einen dieser Besuch zurück; die Augen können nicht in Gänze erfassen, was sie hier geboten bekommen, das Gehirn kann es nicht sofort verarbeiten, der ganze Körper vibriert ob der mannigfaltigen Sinneswahrnehmungen. Dieser Ort, in dessen Zentrum der hohe Schornstein der ehemaligen Kerzenfabrik in den Himmel ragt, die Backsteinwände umrankt und bewachsen, sämtliche Flächen geschmückt und ausstaffiert, an dem Natur und Kunst sich treffen, mitunter eine fruchtbare Symbiose eingehen – er ist jüngst zu einem Ort geworden, an dem Konzerte stattfinden. Sie finden jeweils an dem Freitagabend vor dem ersten Sonntag im Monat statt. Und wieder findet es sich zusammen, die Musik als Kunstform, die Klangkunst zwischen den Kunstwerken. Manchmal erklingt die Musik in einem der Lofts, die Akustik hier eignet sich hervorragend dafür. Ist das Wetter geeignet, können die Konzerte auch draußen stattfinden. Vor einer Bühne

Bei Workshops in verschiedenen künstlerischen Disziplinen kann auch selbst Hand angelegt werden.

stehen dann Bänke, gerne wird getanzt, während die Sonne langsam hinter den Bäumen verschwindet und die Dämmerung der Anlage eine andere Wirkung verleiht. Ein kleines Café bereichert das Angebot auf dem Gelände, mit Außen- und Innenbereich auf alle Wetterkapriolen vorbereitet. Der Innenraum ist ein eigener Kunst-Ort und könnte ohne Weiteres ebenfalls als Atelier gelten. Nicht zuletzt gibt es auch unter der Woche am Abend ein Angebot von Workshops in den Bereichen Bildhauerei, Malerei und Fotografie. Der eingetragene Verein Freunde vom Kulturforum Wachsfabrik unterstützt die Künstlergemeinschaft, bereichert diesen besonderen Kulturstandort durch Konzerte und organisiert Führungen an den Kunstsonntagen.

FAZIT: MUSIKGENUSS INMITTEN VON KUNSTWERKEN!

Hin & weg: Haltestelle Michaelshoven.

Beste Zeit: Sommer; die Konzerte im Winter sind aber auch sehr stimmungsvoll.

Dauer: 2–3 Std.

Ausrüstung: Ein offenes Ohr und Herz sowie wachsame Augen.

TROMMELN AM STRAND

#39

Ein ausgedehnter, breiter Sandstrand hat Seltenheitswert in deutschen Großstädten – daher zelebriert ihn, wer einen hat. Wie hier in Köln. Im Sommer wird er für alle möglichen Unternehmungen genutzt; eine besonders schöne Feierabend-Aktivität ist die Teilnahme an einem Trommelkurs.

#UrlaubvorderHaustür #mitdenFüßenimSand #Trommelnmachtglücklich

Die Trommelkurse im angenehmen Abendsonnenlicht sind ein besonderes Erlebnis. Am Strand von Rodenkirchen kann man im Sommer aber zum Beispiel auch grillen oder Minigolf spielen.

Feierabend-Glück. So kann man das Erlebnis kurz zusammenfassen. Als wäre der Aufenthalt an der Rodenkirchener Riviera, dem Strand im Kölner Süden, im Sommer nicht so schon schön genug – wenn man dabei auch noch trommelt, mit den Füßen im Sand, dann ist das Glück perfekt. Langsam entsteht ein Rhythmus, erst ein gemeinsamer, nach einiger Übung kommen weitere hinzu, jeder findet sich, die Gruppe findet sich und die Entspannung kann beginnen. Man schließt die Augen, fühlt die Musik, und wenn man sie wieder öffnet, fällt der Blick auf den Rhein, auf Schiffe und Wolken, die langsam vorbeiziehen, die einen auf dem Wasser, die anderen am Himmel, auf Sand und Muscheln. Manchmal kommen Entenpaare vorbeigewatschelt und schauen neugierig zu. Kreischende Möwen tragen ihren Teil zur Geräuschkulisse bei. Langsam geht die Sonne unter und taucht die Rodenkirchener Brücke und die gesamte Szenerie in ein rot-goldenes Licht.

Dieses Erlebnis kann man haben, wenn man bei Dino Chinopoulos einen Trommelkurs bucht. Sein Kursraum befindet sich in Bonn-Duisdorf; im Sommer wird aber häufig abends draußen gespielt. Der in Athen geborene Chinopoulos kam durch einen Zufall zum Trommeln: Auf dem Bonner Münsterplatz hörte er zwei Trommler, die seine ersten Lehrer werden sollten. Er war so fasziniert, dass er nicht weitergehen konnte. Der Samen war gepflanzt, von da an sollte es ihn nie wieder loslassen. Er nahm an Workshops teil, bei denen jeden Tag acht bis zehn Stunden getrommelt wird; er lernte den berühmten Trommelmeister Famoudou Konaté kennen, nahm bei ihm Unterricht und verbrachte schließlich insgesamt ein Jahr bei ihm in Guinea. Seine Begeis-

terung ist ansteckend und so trägt einen der Rhythmus durch die Abendstunden.

Und das Gebiet um die Rodenkirchener Riviera bietet noch viel mehr. Man kann ausgedehnte Spaziergänge oder Fahrradtouren in Richtung Weiß unternehmen, Wassersportler wie die von Rhein Rafting Köln beobachten, die in Rodenkirchen ihre Tour starten, oder mit der Fähre Krokodil nach Zündorf zur Groov übersetzen – das allerdings ist nur bis 19:00 Uhr oder bis Sonnenuntergang möglich (www.faehre-koelnkrokodil.de). Danach genießt auch das Krokodil seine wohlverdiente Mußezeit in den Abendstunden. Ein Blick auf die Website der Fähre Krokodil lohnt – die zauberhaften Zeichnungen sorgen gleich für gute Laune. Das kulinarische Feierabend-Glück ankert nicht weit entfernt – auf einem der Restaurantschiffe kann man den Abend ausklingen lassen.

FAZIT: »DENN WENN ET TRÖMMELCHE JEHT ...« HEIßT ES IN KÖLN NICHT NUR ZU KARNEVAL – SONDERN AUCH MAL IM SOMMER AM STADTSTRAND!

Hin & weg: Haltestelle Köln Grimmelshausenstraße.

Beste Zeit: Sommer.

Dauer: 2–3 Std.

Ausrüstung: Snacks, Getränk.

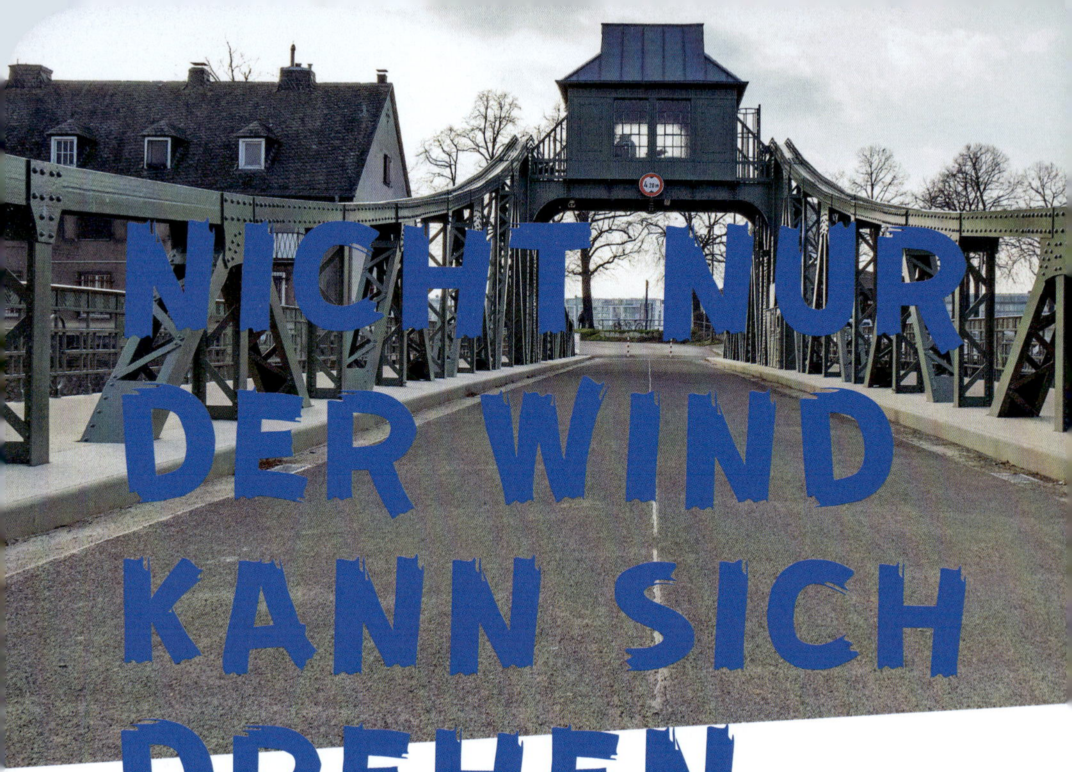

NICHT NUR DER WIND KANN SICH DREHEN

… rund um die Deutzer Drehbrücke

#40

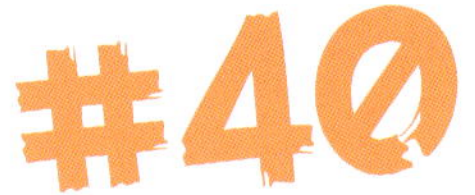

Ursprünglich war sie ausgelegt für ein Gespann mit sechs Pferden. Der Bodenbelag bestand aus Holzdielen. Jüngst wurde die 1908 in Betrieb genommene und seit 1980 denkmalgeschützte Deutzer Drehbrücke aufwendig generalsaniert.

#überraschendeWendung #drehendeBrückenfliegendeDrachen

→ Horizont erweitern

Normalerweise bekommt man diese Perspektive nicht zu sehen: Die Drehbrücke in vollem Einsatz, Passierende müssen auf dem Festland warten.

Wenn der Wind sich dreht – ein Hinweis auf eine anstehende Veränderung. Eine solche kam für die rechtsrheinischen Deutzer und Poller 1888, als sie nach Köln eingemeindet wurden. Erst danach wurde es ihnen gestattet, einen Hafen anzulegen. Dieser Anschluss ans Wassernetz ermöglichte ihnen die Teilnahme an dem über die Wasserstraße abgewickelten Handel. Gedreht hat sich dann auch lange die ansehnliche Jugendstilbrücke, die die Durchfahrt erlaubte – je nach Stellung für die Schiffe oder für den Straßenverkehr. Etwa zwei Jahre stand sie still, das Bauwerk brauchte eine Verjüngungskur.

Jüngst hat sich der Wind nun wieder gedreht, es steht eine Umnutzung des Geländes um die Deutzer Drehbrücke an. In den nächsten Jahrzehnten wird hier ein Wohngebiet entstehen und das Hafenareal erneut sein Gesicht verän-

Schaut man von der Drehbrücke nach Norden, kann man im Vorhafen den Feuerwehrbootsanleger sehen.

dern. Die Deutzer Drehbrücke wird weiterhin Teil davon sein und nicht nur die Siegburger Straße über die Alfred-Schütte-Allee mit dem Poller Rheinufer verbinden, sondern auch Vergangenheit, Gegenwart und Zukunft. Ihre Sanierung war auch deshalb so aufwendig, weil Zeichen der Vergangenheit erhalten werden mussten. Etliche Löcher von Granatsplittern aus zwei Weltkriegen sind sichtbar, alle spitzen Kanten mussten händisch geschliffen werden. Die Geländer wurden demontiert und nach der Bearbeitung durch einen Kunstschmied wieder angebracht. So aufgehübscht thront sie auf ihrem Königstuhl – das ist die mechanische Konstruktion, auf der die Brücke aufsitzt – und harrt der Dinge und Gefährte, die da kommen werden.

Wind, wenn auch nicht der Wind der Veränderung, ist für all diejenigen schön, die auf den sich direkt anschließenden Poller Wiesen Drachen steigen lassen wollen. Hier treten sie ganz besonders klar zutage, die Vorteile der Schäl Sick: Die Aussicht auf die Kölner Skyline ist von hier aus einfach unschlagbar. Ein Geheimtipp sind die Poller Wiesen beileibe nicht, doch einen Feierabend-Ausflug mit einem Besuch bei der Deutzer Drehbrücke sind sie allemal wert. Ein besonderes Schauspiel bietet sich einem, wenn die Brücke gedreht wird. Die genietete Stahlfachwerkkonstruktion im geometrischen Jugendstil mit ihren Ornamenten und dem aufgesetzten Maschinenhaus sieht einfach zu schmuck aus. Was kaum jemand weiß, ist, dass die Brücke auch hän-

Von den Poller Wiesen aus hat man einen spektakulären Blick Richtung Rheinauhafen und Dom.

disch gedreht werden kann. Da muss dann allerdings mindestens zwanzig Minuten lang zu viert gekurbelt werden; zu zweit geht es etwas langsamer. Schräg gegenüber auf der anderen Rheinseite gibt es noch eine hübsche Drehbrücke. Auch sie führt vom Festland auf eine vorgelagerte Rheinhalbinsel. Von oben betrachtet wirken die Ensembles wie eine Spiegelung. Die linksrheinische Drehbrücke führt zum Imhoff-Schokoladenmuseum, zu dessen Stiftung sie heute auch gehört.

Wer sich in der Nähe der Deutzer Drehbrücke sportlich betätigen möchte, dem wird mit einem Bewegungsparcours mit Aussicht auf Hafen, Drehbrücke und Kranhäuser die Möglichkeit dazu geboten.

FAZIT: »FENSTERTAG« HEIßT ER IN ÖSTERREICH, »BRÜCKENTAG« IN DEUTSCHLAND. JEDENFALLS EIN GUTER TAG, UM SICH FREIZUNEHMEN UND DIESE BESONDERE DREHBRÜCKE ANZUSCHAUEN!

Hin & weg: Haltestelle Drehbrücke.

Beste Zeit: Herbst.

Dauer: 1–2 Std.

Ausrüstung: Ein Flugdrachen (auf Kölsch Pattevugel).

AUF DER SUCHE NACH KUNSTORTEN

... Streetart-Tour durch Ehrenfeld

Eine Portion Lokalkolorit, die kritische Auseinandersetzung mit aktuellen Geschehnissen, humorige Sprüche – all das ist Streetart. Einige Geheimnisse werden bei den spannenden Touren von AlternativeCologneTours gelüftet.

#Kopfhoch #Blickwinkel #buntesKöln

Dieses Mural des Künstler*innenduos Herakut ist im Jahr 2011 entstanden und am Bürgerzentrum in der Venloer Straße zu bewundern.

Ein Kosmos voller Farben, Stile und Denkanstöße eröffnet sich. Mit der energiegeladenen Eva, Gründerin von AlternativeCologneTours, geht es auf Entdeckungsreise durch Ehrenfeld, auf der Suche nach der flüchtigen Kunst im öffentlichen Raum. Selbst Eva weiß zu Beginn der Führung nicht, ob noch alle Werke da sein werden, die sie zeigen möchte. Steter Wandel und Dynamik sind dieser Kunstform inhärent, doch es gilt ein ungeschriebenes Gesetz: Das sogenannte Crossing ist verpönt, vorhandene Kunstwerke dürfen nicht überdeckt werden, sei es durch Sprayen, Kleben oder andere Techniken. Nicht immer halten sich alle daran. Eva muss darauf eingestellt sein, spontan auf Veränderungen reagieren zu können. Seit sie AlternativeCologneTours 2016 als Spaßprojekt startete, ist viel passiert. Sie ist Arbeitgeberin geworden, hat tiefe Einblicke in die Szene gewonnen, zahllose

Das Werk »Poor Amor« von Christian Böhmer ist 2015 entstanden.

Kontakte geknüpft – und sie entwickelt sich stetig weiter, entwirft neue Formate, probiert neue Ideen aus. So ist nicht nur diese Tour inspirierend – auch die Frau dahinter ist es. Man könnte sagen, es ist ein Leuchtturmprojekt – und genau hier starten die Führungen auch, am Ehrenfelder Leuchtturm, einem Kölner Kuriosum.

Erleuchtung hätten auch all diejenigen gebraucht, die die Edelweißpiraten oder andere Widerstandskämpfer im Zweiten Weltkrieg inhaftierten oder hinrichteten. Mit einem Mural (engl., großes Wandgemälde) nahe der Hinrichtungsstätte einiger Edelweißpiraten am Ehrenfelder Bahnhof wird ihnen gedacht, in Edelweißblüten stehen ihre Namen, ein Schiff mit ihnen als Besatzung fährt nach links, Soldaten marschieren nach rechts. Ein Beispiel für ein großflächiges, legales Wandgemälde. Es muss unterschieden werden zwischen legaler und illegaler Straßenkunst. Legale Auftragsarbeiten sind häufig wandfüllend und können über mehrere Stunden, Tage oder sogar Wochen entstehen. Manche Formen der illegalen Kunst können vorbereitet werden – wie beispielsweise Paste-ups; das sind meist mit Kleister aufgezogene Werke auf dünnem Papier, die lediglich angebracht werden müssen. Auch gestaltete Schallplatten, Kacheln oder Holzstücke lassen sich schnell befestigen. Handelt es sich um illegal gesprayte Kunst, lautet das Motto: Sportlichkeit ist das A und O. »Wenige Minuten hat man im

Seit 2016 führt Eva regelmäßig Gruppen durch die Kölner Streetart-Szene.

Schnitt«, sagt Eva mit einem Lächeln, »dann heißt es: Rennen!«

Hier werden einem die Augen geöffnet, man streift durch Straßen, die vorher nie auf dem Weg lagen, immer musste es der kürzeste Weg sein, keine Muße, um zu verweilen. Nun hat man sich Zeit genommen und danach ist der Blick geschärft. Man ist erstaunt, wie viel einem bisher entgangen ist. Durch die Kontroversität einiger Kunstwerke werden auch Diskussionen befördert, viele Werke nehmen Bezug auf aktuelles Zeitgeschehen, äußern künstlerisch Kritik an Ereignissen und gesellschaftlichen Entwicklungen – so wie der erschöpfte Amor, ausgeschaltet vom modernen, nur noch mit seinem Smartphone beschäftigten Menschen.

FAZIT: MIT ETWAS GLÜCK ENTDECKT MAN AUCH EINE SPRAYBANANE DES KÖLNER KÜNSTLERS THOMAS BAUMGÄRTEL VERSTECKT AN EINER HINTERHOFWAND – ER MARKIERT DAMIT WELTWEIT DIE INTERESSANTESTEN GALERIEN UND KUNSTORTE.

Hin & weg: Haltestelle Bahnhof Ehrenfeld.

Beste Zeit: Herbst.

Dauer: 2 Std.

Ausrüstung: Fotoapparat.

ZEITREISE

… im Fritz-Encke-Volkspark

#42

Zeitzeichen finden sich an verschiedenen Stellen in Köln; besonders bekannt sind die vier erhalten gebliebenen Stadttorburgen der mittelalterlichen Stadtmauer. Doch auch an anderen Stellen finden sich interessante Relikte der Vergangenheit.

#grüneStunde #FeierabendfrüherundHeute #zurückindieZukunft

Eine Zeitreise unternehmen zu können – für viele ein Traum und Stoff für allerlei Bücher und Filme. In Köln kommt man ganz nah an die Verwirklichung dieses Traumes heran; zumindest dann, wenn man ein bisschen Fantasie mitbringt. Die 1920er Jahre sind ein beliebtes Jahrzehnt, zumindest im Rückblick. Der Begriff Goldene Zwanziger beschreibt den wirtschaftlichen Aufschwung, den die Zeit nach dem Ersten Weltkrieg mit sich brachte. Wissenschaft, Kunst und Kultur erlebten eine Blütezeit. Eine Blüte erlebte damals in Köln auch die Grünpolitik, speziell auch das »soziale Grün«, vorangetrieben durch den damaligen Oberbürgermeister von Köln, Konrad Adenauer. Stadtplaner Fritz Schumacher und Gartenbaudirektor Fritz Encke kümmerten sich um Planung und Ausführung. In dieser Zeit wurde der Grundstein für ein grünes Köln gelegt.

Bereits 1929 endete dieser Abschnitt mit der Weltwirtschaftskrise. Doch genau im Nachkriegshoch, Mitte der 1920er Jahre, entstand der Fritz-Encke-Volkspark, damals noch Volkspark Raderthal. Mit dem Aufschwung wurde auch etwas für die breite Masse möglich, was vorher nahezu unbekannt beziehungsweise den wohlhabenden Schichten vorbehalten war – Feierabend und Freizeit. Diese neugewonnene Freizeit schön und sinnvoll zu gestalten war ein Anliegen von Fritz Encke und Reste der zahlreichen für sportliche Betätigung und Zerstreuung angelegten Areale finden sich noch heute, allerdings liegen sie etwas versteckt. Es ist möglich, jahrelang daran vorbeizulaufen, so verborgen liegen diese besonderen, geschichtsträchtigen Orte des Parks. Sucht und besucht man sie jedoch gezielt und beschäftigt sich mit ihrer

Mit dem Tempel, dem mit Wildblumen bepflanzten Staudengarten und den beschaulichen Sitznischen wirkt der Fritz-Encke-Volkspark so, als hätte sich seit seiner Entstehung kaum etwas verändert.

Geschichte, dann entsteht ein lebendiges Bild von der damaligen Gesellschaft und ihren bevorzugten Freizeitbeschäftigungen.

Zwei dieser versteckt liegenden Kleinode sind der Tanzreigenplatz und der mit Platanen umstandene Leseraum. In einem Pavillon konnte man damals Bücher und Zeitschriften ausleihen und sich auf Bänken unter den Platanen niederlassen, um zu lesen. Dieser Rückzugsort mit seinem Baumbestand ist noch erhalten, der Pavillon jedoch nicht mehr. Das vom Park durch Bebauung separierte Naturtheater mit Bühne, Orchestergraben und ansteigenden Zuschauerrängen ist noch zu erahnen, Theaterstücke kommen hier jedoch nicht mehr zur Aufführung. Anfang der 2000er Jahre wurden viele Bereiche des vernachlässigten Parks wiederhergestellt. Dabei wurde sowohl an die Freizeitbedürfnisse der heutigen Gesellschaft gedacht, aber auch mit Bedacht vorgegangen, um Grundstrukturen und Charakter zu erhalten. In einer Sitznische beim Staudengarten, in dem jetzt Wildblumen wachsen, kann man diese Zeitreise im Kopf unternehmen. Wandert der Blick zum Brunnentempel, gelingt die Rückschau in die Vergangenheit besonders gut. Und taucht man wieder auf, vor dem inneren Auge fröhliche Menschen, die ausgelassen Charleston tanzen – dann ist er richtig gelungen, der Feierabend der Gegenwart, mit Fantasie-Ausflug in die Vergangenheit.

FAZIT: EIN FEIERABEND IN DER ZEITMASCHINE – GANZ OHNE SCHEREREIEN BEI DER RÜCKKEHR IN DIE GEGENWART!

Hin & weg: Haltestelle Leyboldstraße.

Beste Zeit: Sommer und Herbst.

Dauer: 2–3 Std.

Ausrüstung: Picknickdecke, Proviant.

HEIMAT-STÖBERN

... in der »Akademie för uns kölsche Sproch«

Mitten im Mediapark befindet sich dieser magische Ort – ein Lieblingsort in der Lieblingsstadt. Wer nicht genug von Büchern und gleichzeitig von Köln und Umgebung bekommen kann, ist hier genau richtig.

#Schmökerstunde #kölscheFrohnatur #Lokalkolorit #lesenmachtjlöcklich

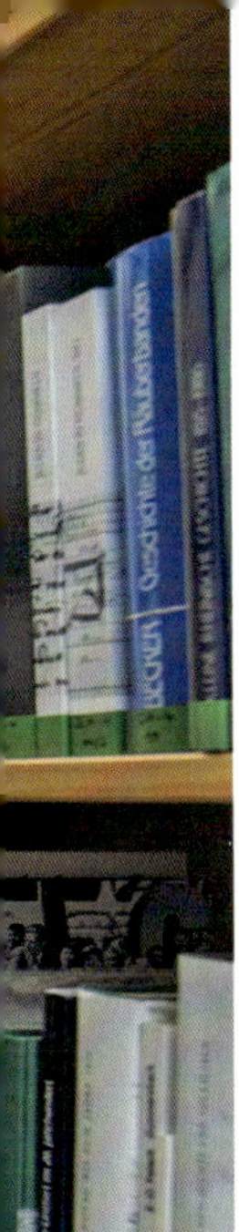

In den Regalen der Bibliothek gibt es viele kleine Schätze zu entdecken. Vier Wochen lang dürfen die Bücher ausgeliehen werden.

Schlägt man in dem Wörterbuch »Op Kölsch« von Peter Caspars das Wort Hydrokultur nach, dann findet man »Blomepott ohne Äd met flössijem Nährsalz«. Gibt man »Hydrokultur op Kölsch« in eine Internetsuchmaschine ein, dann kommt man zu völlig anderen Ergebnissen. Nicht nur hierbei sind die Vorteile einer gut sortierten Bibliothek klar ze erkenne: Neben der großen Auswahl an Nachschlagewerken zur Mundart gibt es die Möglichkeit, der Bibliothekarin Fragen zu stellen – und hier wird wieder augenscheinlich, wie wertvoll und unersetzlich der persönliche Austausch ist. Die Bibliothek der Akademie för uns kölsche Sproch (www.koelsch-akademie.de/bibliothek) hat dienstags etwas länger geöffnet, bietet sich also für einen Besuch nach Fierovend an. Gemütlich im Sessel neben einem Böcherschaaf versinken und sich über Verzällcher amüsieren; das ist besonders in der kalten Jahreszeit schön. Wer sich dann richtig festgelesen hat und gerne noch weiterschmökern würde, der wird sich über die Möglichkeit der kostenlosen Ausleihe freuen. Vier Wochen dürfen Bücher

Die Bibliothek der »Akademie för uns kölsche Sproch« liegt direkt am Mediapark.

zu Geschichte, Architektur und Kunst der Stadt ausgeliehen werden. Historische Romane, Köln-Krimis, Tonträger und Videos stehen ebenfalls bereit. Lediglich den Personalausweis muss man vorzeigen, eine Mitgliedschaft ist nicht notwendig.

Die Akademie för uns kölsche Sproch wurde 1983 gegründet und seitdem wird am Aufbau des Bestandes der Bibliothek gearbeitet. Man merkt, dass das Engagement eine echte Hätzenssaach der Beteiligten ist. Ein Besuch bereitet viel Freude und hilft dabei, sich besser in Köln zurechtzufinden und Menschenschlag, Kultur und Brauchtum besser zu verstehen. So zum Beispiel bei Obs un Jemös im Severinsviertel. Auch wenn man sich vielleicht ohne zuvor absolvierten Kölsch-Kurs – die werden übrigens ebenfalls von der Akademie angeboten, man kann sogar ein Kölsch-Diplom ablegen – gerade noch erschließen kann, was es hier zu erwerben gibt, versteht man als Imi (nicht seit drei Generationen in Köln Geborene) gegebenenfalls nicht sofort, warum es in diesem Geschäft nicht ausschließlich um den Verkauf von Obst und Gemüse geht, sondern um einen lebhaften Austausch, zu dessen Abschluss man als Kunde im besten Fall ein Kochrezept inklusive Tipps zum guten Gelingen bekommt.

Wer richtig in Köln ankommen möchte, dem sei ein Besuch in dieser Bibliothek ans Herz gelegt. Er führt dazu, dass man sich heimi-

Ein Besuch lässt sich wunderbar mit einem Spaziergang rund um den kleinen See verbinden.

scher fühlt, das kölsche Liedgut besser mitsingen kann, den hiesigen Humor besser versteht und ganz allgemein den Wohlfühlfaktor steigert. Dann wird man im Jlöcklich – il caffè felice in der Nähe der Eigelstein-Torburg glücklich, entwickelt eine Vorstellung davon, was es in dem Geschäft Pattevugel zu erwerben geben könnte und ist im Bauerngarten der Flora nicht mehr ratlos, wenn man entschlüsseln soll, was Kappes, Spruutekühl, Schlot, Prinzessbünnche und Muusöhrche sind. Die Bibliothek ist ein Ort, der bei der Bewahrung und Weitergabe von lokalem Wissen eine wichtige Rolle spielt. Damit solch schöne Worte wie Knusperdösje, Schwadlappe und Muzemändelche nicht verloren gehen und auch die nächsten Generationen noch erfreuen.

FAZIT: LESEN UND LACHEN – DIE SCHÖNSTE KOMBINATION!

Hin & weg: Haltestellen Hansaring und Christophstraße/Mediapark.

Beste Zeit: Winter.

Dauer: 1–2 Std.

Ausrüstung: Personalausweis, (große) Tasche für die Buchausleihe.

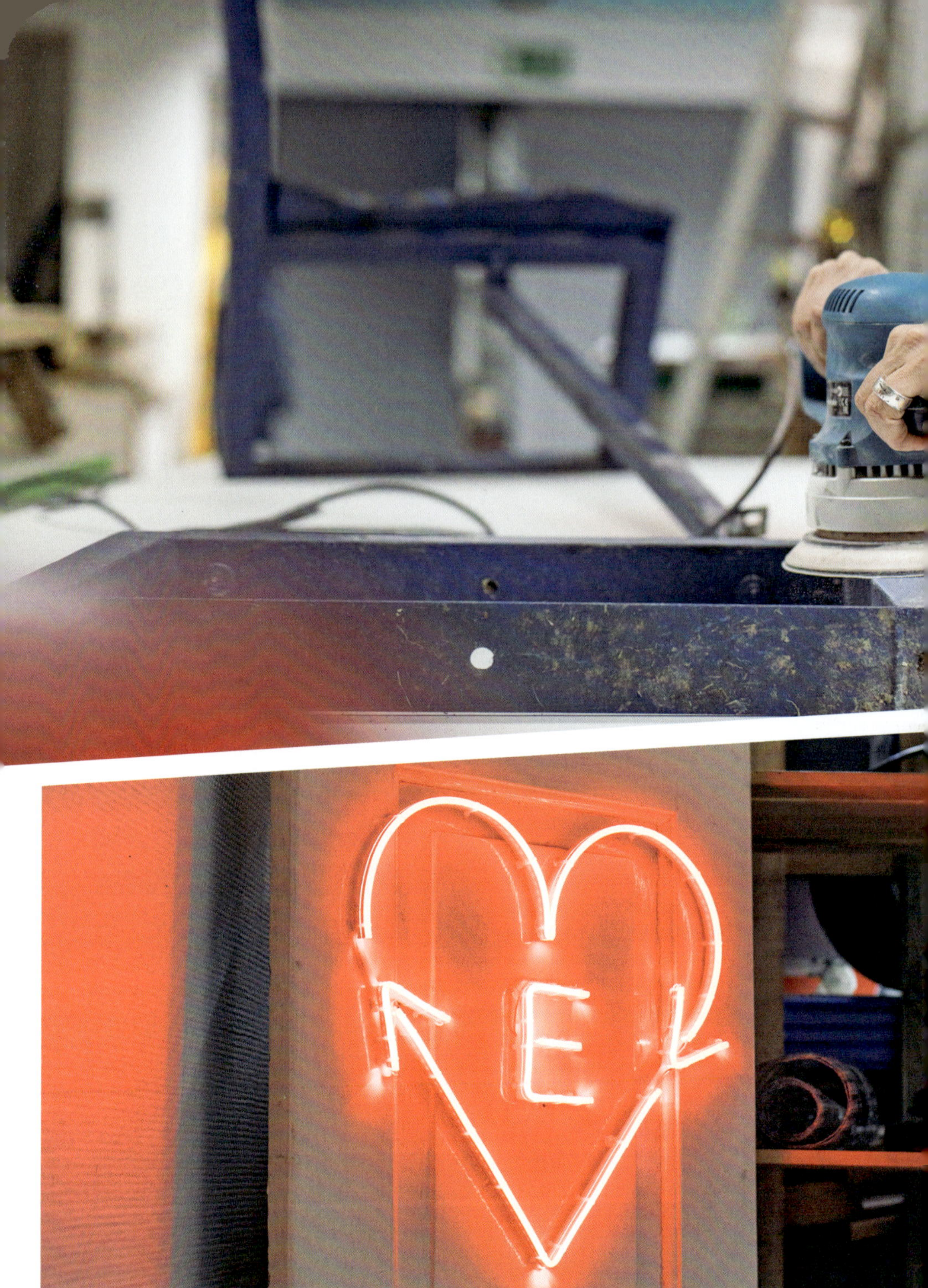
E

GEMEINSAM ALTES AUF-MÖBELN

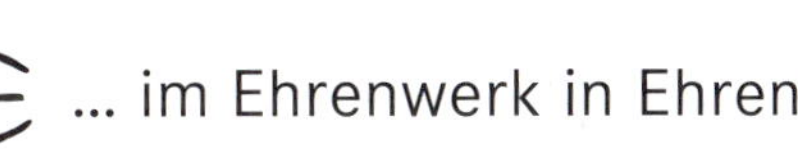

#44

Dingen ein zweites Leben schenken, etwas selbst reparieren, sich ausprobieren, herausfordern – und das alles in angenehmer Atmosphäre. Das macht Spaß und stolz und ist dazu noch nachhaltig.

#hämmernbohrensägen #ProbierengehtüberStudieren #stolzwieOskar

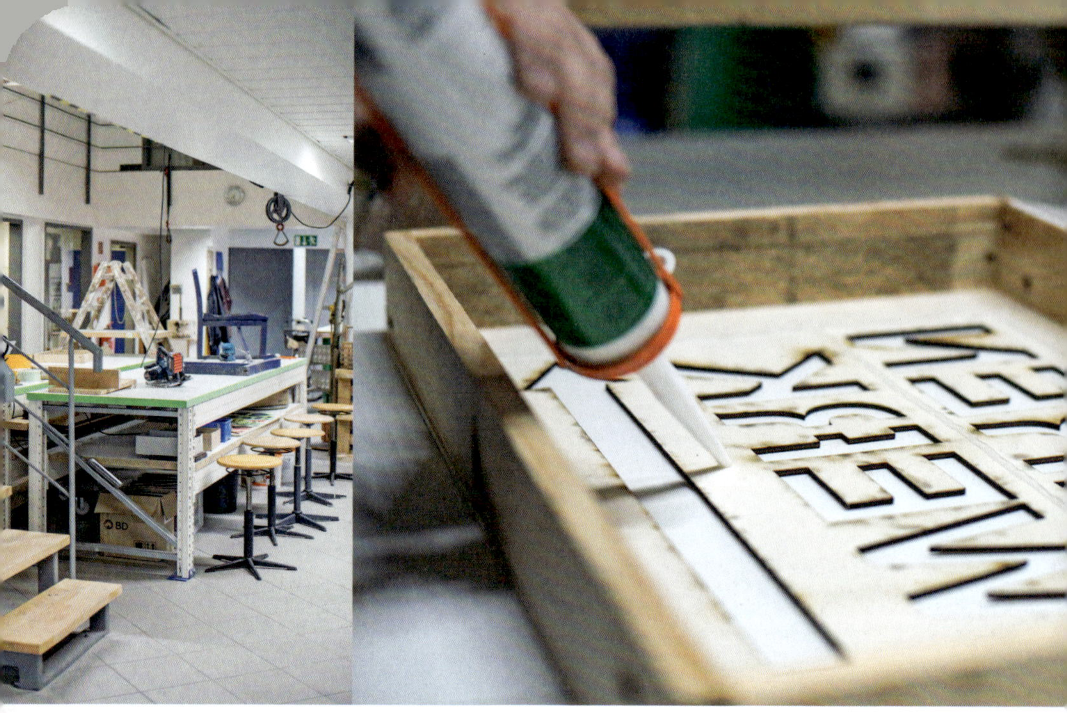

»Das sind Heidi und Helmut.« Wer jetzt denkt, das seien Mitarbeiter des Ehrenwerk, der liegt falsch. Heidi und Helmut sind zwei Möbelstücke, Geschenke einer älteren Dame an die 2022 unter dem Dach der eva e. V. (Ehrenfelder Verein für Arbeit und Qualifizierung e. V.) gegründete offene Werkstatt. Oder ist es ein Maker Space? Ein Repair-Café? Die Antwort lautet: Von allem etwas. Der Ort ist von allem etwas und für alle etwas. Der soziale Aspekt ist sehr wichtig, häufig gehen Gespräche an der Werkbank in eine ganz andere Richtung, als man ursprünglich einmal geplant hatte. Die Arbeit mit den Händen macht den Kopf frei und öffnet Türen, die sorgsam verschlossen gehalten worden waren. Daher sind hier nicht nur handwerklich ausgebildete und handwerklich begabte Menschen vor Ort, sondern auch eine Sozialpädagogin. Langzeitarbeitslosen Menschen wird hier eine Perspektive geboten. Das Motto »Erhalte, was du liebst« gilt also sowohl dem Erhalt von Möbeln und anderen Einrichtungsgegenständen als auch dem Erhalt oder der Wiedergewinnung des Seelenheils.

Ganz unabhängig von diesem Hintergrund kann jeder hier hinkommen, der ein Möbelstück reparieren, restaurieren, umgestalten oder aufwerten möchte. Die fachkundige Anleitung soll Hilfe zur Selbsthilfe sein. Montags sind die Türen des Ehrenwerk (www.evaggmbh.de/ehrenwerk-repair-cafe) lange geöffnet, ideal also für eine etwas außergewöhnlichere Feierabend-Gestaltung. Die Räumlichkeiten sind freundlich und voller Gegenstände, die eine besondere Geschichte haben oder schlicht lustig sind. Da mit den Möbelstücken und den anderen Gegenständen gearbeitet wird, sie umgestaltet werden

Ein Traum für alle Hobby-Handwerker*innen und solche, die es werden wollen. Hier kann man alte Schätze reparieren, umgestalten und aufwerten.

oder sie nach einiger Zeit auch ein neues Zuhause finden, ist die Beschreibung vergänglich und soll lediglich ein beispielhaftes Bild von diesem lebendigen Kreativ-Ort malen.

In einer Ecke liegt ein Boot - die Gründer des Ehrenwerk haben es auf dem Dach gefunden. Wie kam es dorthin und warum lag es dort? Das lässt sich nicht mehr herausfinden - eine kölsche Kuriosität eben, eine von vielen - es steht ja schließlich auch ein Auto mit goldenen Flügeln auf einem Dach. Da weiß man allerdings, wie es dort hinkam und auch die Frage nach dem Warum kann zumindest vom Künstler erklärt werden. Das Boot wurde abgeseilt und geputzt und soll zu einem Regal werden.

Über der großen Mehrzweck-Multifunktionswerkbank hängt eine Leiter, an der eine Lampe angebracht wurde. Eine Treppe führt in den oberen Bereich. Über der Werkbank im unteren Bereich ist keine Decke, die große Aussparung sorgt für ein Gefühl der Weite. Neben den mannigfaltigen Möglichkeiten zur Holzbearbeitung gibt es auch Nähmaschinen, 3D-Drucker und Werkzeug in allen Ausführungen. Es kommt immer wieder Ausstattung hinzu und auch das Workshop-Angebot wird stetig ausgebaut. Bei passendem Wetter kann draußen gearbeitet werden, der große Innenhof bietet sich dazu an. Heidi und Helmut fühlen sich hier wohl. Vielleicht werden sie aber bald ein neues Zuhause finden, in dem sie wieder gebraucht und geschätzt werden. Und dann ist Platz für Marielche und Pitter. Oder für Bärbelchen und Hänneschen. Oder für Tünnes und Schäl.

FAZIT: BASTELN UND REPARIEREN UNTER BESTEN BEDINGUNGEN UND UNTER FACHKUNDIGER ANLEITUNG!

Hin & weg: Haltestelle Köln-Ehrenfeld.

Beste Zeit: Winter.

Dauer: 2–3 Std.

Ausrüstung: Kleidung, die schmutzig werden darf, Getränk.

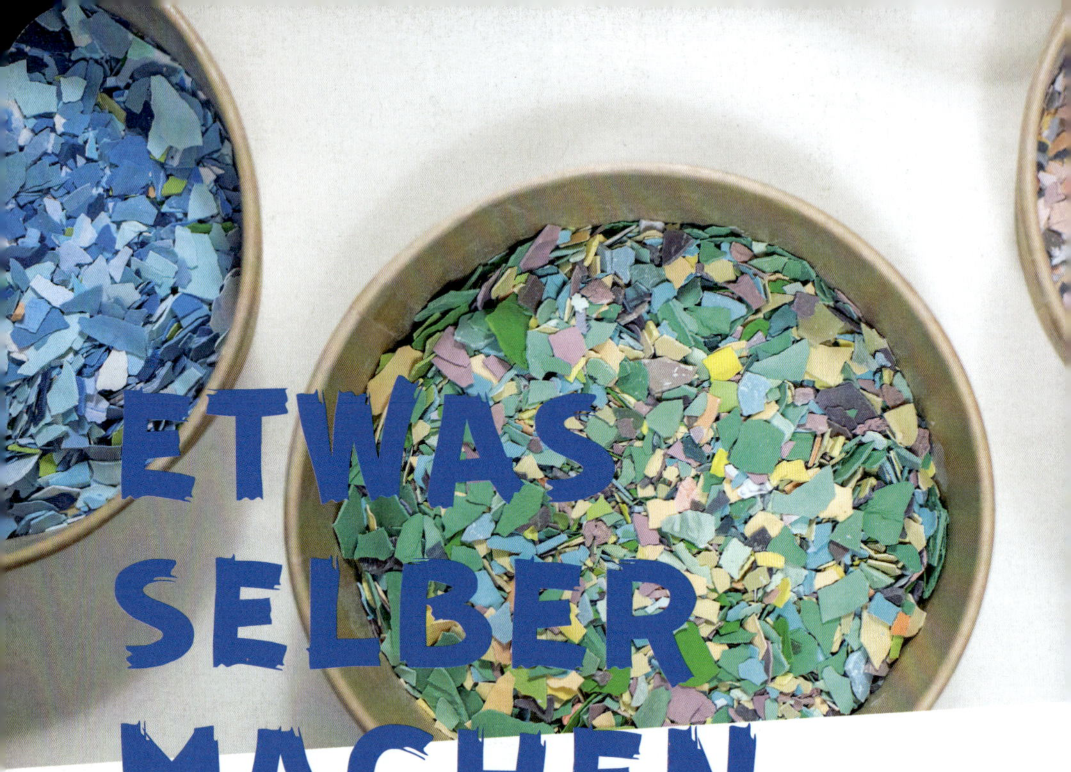

ETWAS SELBER MACHEN

... in The Werkstatt in Zollstock

#45

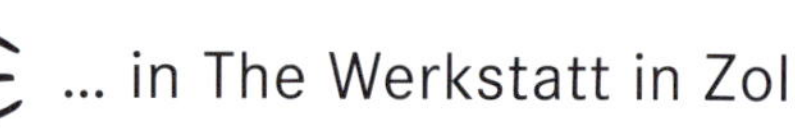

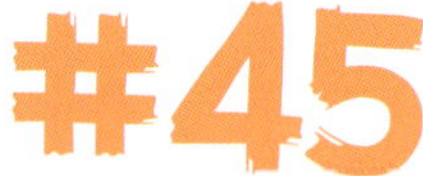

Etwas Neues auszuprobieren setzt Impulse, bringt einen in Bewegung, lässt einen ausgetretene Pfade verlassen und erweitert den Horizont. In The Werkstatt werden verschiedene Kreativ-Workshops angeboten, bei denen genau das passieren kann.

#KopfsprungindieKreativität #Jesmonite #Farbtupfer

Bei den DIY-Nights kann man sich in entspannter Atmosphäre und netter Gesellschaft kreativ austoben. Eine Liste der aktuellen Workshops ist online abrufbar.

»Einmal in eine andere Welt abtauchen, bitte!« Ein berechtigter Wunsch für einen Feierabend, an dem man das Bedürfnis hat, etwas ganz anderes zu machen als tagsüber. Dabei muss nicht zwangsläufig der Pinsel in einen Farbtopf getaucht werden, man kann auch zur Abwechslung einmal beim Dip Dye Kerzen Workshop Kerzen in farbiges Wachs eintauchen oder beim Jesmonite Workshop Terrazzopartikel in das zuvor angerührte Gemisch aus Flüssigkeit und Pulver tauchen. Gerade für einen kalten Winterabend ist ein Kreativkurs die perfekte Beschäftigung. Die erleuchtete Fensterfront von The Werkstatt in Zollstock (www.the-werkstatt.de) zieht einen bereits vom Bürgersteig aus magisch an. Ein

Im Schaufenster kann man sich bereits erste Inspirationen für die eigenen Projekte holen.

Blick hinein zeigt einen geschmackvoll gestalteten Raum, in dem ein langer Tisch mit Stühlen darum steht. Auf dem Tisch das Zubehör für den jeweiligen Kurs, fertige Arbeiten als Anschauungsmaterial, Dekorationsartikel. Für jeden Workshop wird individuell vorbereitet und liebevoll geschmückt, Getränke sowie kleine süße und salzige Häppchen gehören ebenfalls dazu. Hier findet die Kreativarbeit statt, die sich so gar nicht nach Arbeit anfühlt.

Anna Erpilev hat The Werkstatt 2022 gegründet. Es ist ein Ort für Kreative, ein Ort zum Ausprobieren und Experimentieren – mit Farben, Baumwollgarn, Wachs, je nach Kursformat sind es die unterschiedlichsten Materialien. Anna arbeitet mit mehreren Kursleiterinnen zusammen, die alle Expertinnen auf ihrem jeweiligen Gebiet sind. Das Angebot von The Werkstatt entwickelt sich, es gibt Konstanten, aber auch Wechsel im Programm. Der Raum kann auch für private Workshops angemietet werden.

Ein besonders beliebter Kurs ist der zum Trendmaterial Jesmonite. Dieser Werkstoff vereint gleich mehrere Vorteile in sich. Er ist relativ einfach in der Handhabung; bei den ersten Versuchen können bereits sehr schöne Ergebnisse entstehen. Zudem birgt er keine Risiken für die Gesundheit, er ist er ungiftig und lösungsmittelfrei. Die Gestaltungsmöglichkeiten sind nahezu unbegrenzt. Durch das Mischen der Farben, dem Gestalten mithilfe

In den Workshops lernt man neue Techniken kennen – und findet dabei vielleicht ein neues Hobby.

verschiedener Techniken wie beispielsweise dem Marmorieren und dem Hinzufügen von Terrazzopartikeln, Glitzerstaub und Goldpapier entstehen sehr individuelle – und manchmal für einen selbst überraschende – Ergebnisse. Ein weiterer Pluspunkt: Hier entstehen Gegenstände, die nicht nur schön sind, sondern zudem einen Zweck erfüllen. Ob Seifen- oder Schmuckschale, Untersetzer, Vase, die Einsatzmöglichkeiten sind vielfältig, und da das Material fest und langlebig ist, hat jeder selbst oder die Beschenkten lange Freude daran. Ganz versunken ist man in die Arbeit mit den eigenen Kreativstücken. Dann taucht man langsam wieder auf. Irgendwann muss es sein. Aber das heißt ja nicht, dass man nicht wiederkommen kann.

FAZIT: KRAFT TANKEN BEIM KREATIV-ABEND!

Hin & weg: Haltestelle Gottesweg.

Beste Zeit: Winter.

Dauer: 2–2,5 Std.

Ausrüstung: Haargummi für lange Haare.

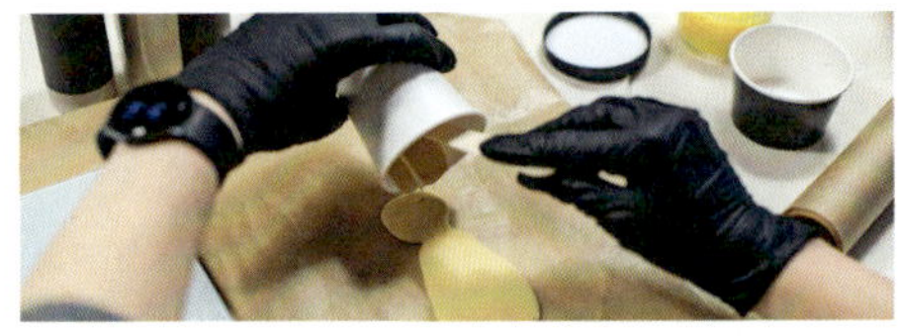

ABENTEUER IN SICHT

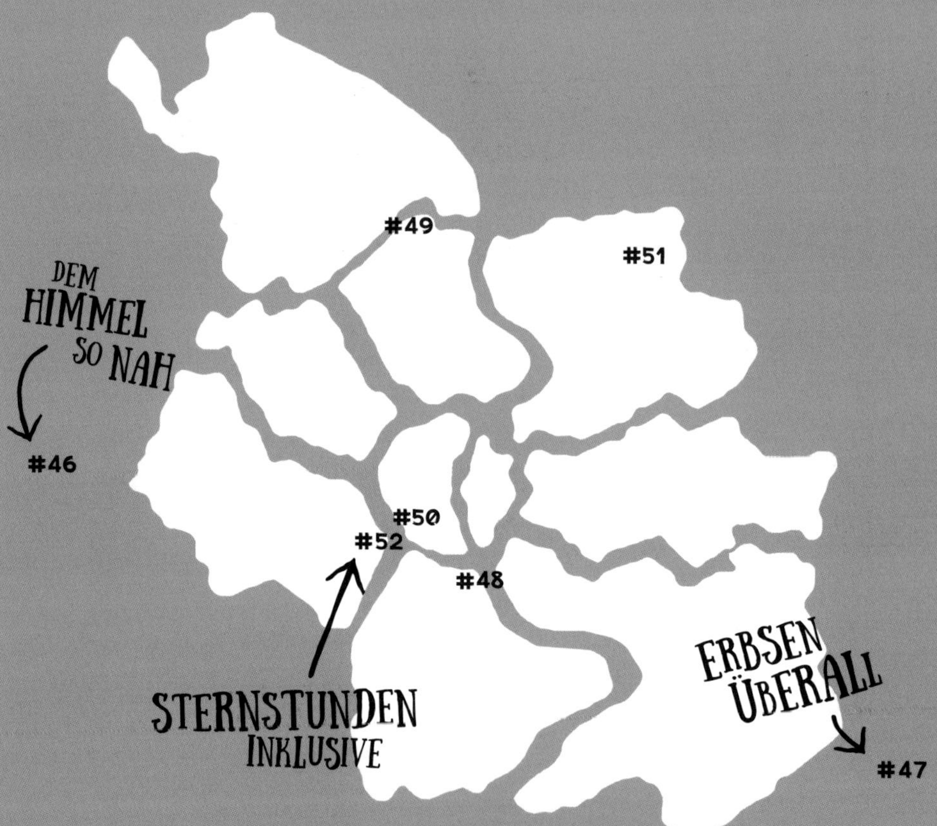

Mikroabenteuer für alle Tage

Ein sagenhafter Ausblick auf Köln, ein Blick in die funkelnden Sterne über Köln, auf dem Evolutionsweg im Kopf über Köln hinaus – Stadtabenteuer mit Hätz un Siel.

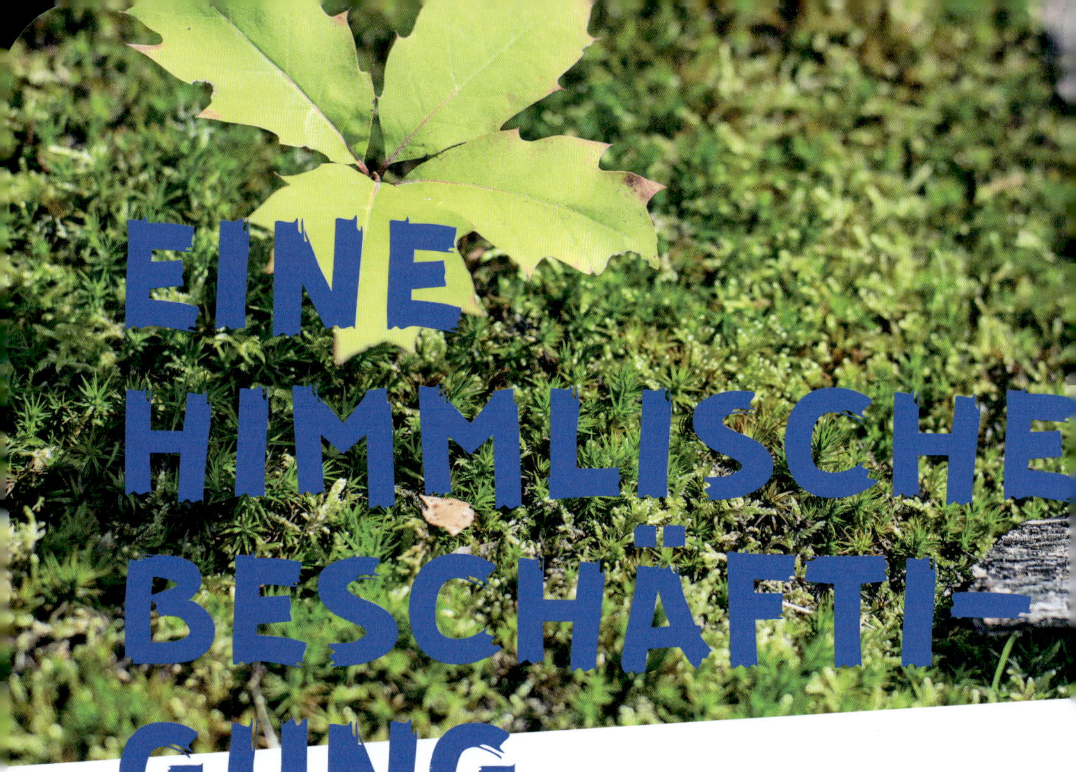

EINE HIMMLISCHE BESCHÄFTI-GUNG

… auf der Glessener Höhe

#46

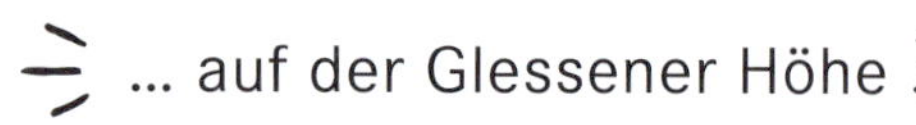

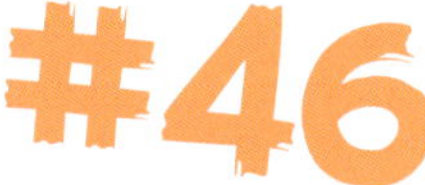

Welcher Weg führt zur Glessener Höhe? Kommt darauf an, von wo aus man startet! Es gibt aus mehreren Richtungen die Möglichkeit, das Ziel zu erreichen – mal ist es eine längere, mal eine kürzere Wanderung.

#Höhenflug #Panoramablick #Gipfelglück

→ Abenteuer in Sicht

Die Himmelsleiter führt auf die höchste Stelle des Berges, direkt zum hölzernen Gipfelkreuz und Aussichtspunkt.

Die Versuchung zu hüpfen ist groß. Aus Freude und aus Stolz, weil man den Aufstieg bewältigt hat – und auch deshalb, weil man dann besser über die im Sommer dicht belaubten Baumwipfel blicken und das beeindruckende Köln-Panorama noch besser sehen kann. Ein Schelm, der annehmen würde, dass sich das Sitzbrett der Holzbank hier oben in Schräglage befindet, weil sich alle Gipfelstürmer zwecks besseren Blickwinkels daraufstellen würden. Es liegt wohl eher in den ungleich langen Balken begründet, auf denen das Sitzbrett aufliegt. Wer sich auf die Bank stellt, hat sogar noch eine Stufe mehr erklommen – irgendwie gehört sie als letzte Stufe noch mit zur Himmelsleiter, die hier hinaufführt. Die Treppe im Wald mit dem hübschen Namen liegt versteckt am Wegesrand, besonders im Sommer läuft man leicht an ihr vorbei, weil sie dann beinahe zugewachsen ist von Brombeersträuchern, Hinweise auf sie gibt es nicht, dem Waldläufer wird Aufmerksamkeit abverlangt.

Der Weg hierher ist wunderbar, kaum jemand ist unterwegs, die Stille wird nur von Vogelgezwitscher und dem Rascheln von Kleintieren im Gebüsch am Wegesrand unterbrochen. Oben befindet sich außer der schiefen Bank auch noch ein Picknicktisch mit Bänken, alles schön horizontal, die ideale Ausrichtung für den Verzehr der Speisen aus dem mitgebrachten Henkelmännchen – vielleicht findet man nach dieser Stärkung dann das von den Kölnern aufgrund des überspannenden Bogens, der wie ein Henkel aussieht, liebevoll

Im Gipfelbuch können sich Wandernde verewigen und Neugierige können nachlesen, was andere vor ihnen geschrieben und gezeichnet haben.

»Henkelmännchen« genannte Bauwerk: die Lanxess Arena. Vor allem bei Sonnenaufgang und Sonnenuntergang ist es ein romantischer Ort – für echte Kölner der perfekte Ort für einen Heiratsantrag, mit Blick auf den Dom. Wer Geschichten mag, der werfe einen Blick in das Gipfelbuch.

Das liegt wie beim Monte Troodelöh auch auf der Glessener Höhe aus, es befindet sich in einem hölzernen Kasten, der am Gipfelkreuz befestigt ist. Hier hat man sich den Eintrag redlich verdient, denn die Glessener Höhe ist ein echter Gipfel! Zumindest, was die Höhe angeht, stattliche 205,8 Meter sind es. Ein natürlich entstandener Berg ist sie jedoch nicht, sie ist eine Abraumhalde – was unromantisch klingt, heutzutage aber, der Natur sei Dank, wieder viel fürs Auge hergibt. Die Kölner Berge oder Höhen – man könnte eine längere Abhandlung über sie schreiben, nicht viele davon sind echte Berge oder haben den Namen »Berg« verdient. Innerhalb der Stadtgrenzen handelt es sich bei zahlreichen Erhöhungen um Trümmerberge, oder wie hier um den von etwa 1955 bis 1970 entstandenen Aushub der Braunkohletagebaue des Rheinischen Braunkohlereviers. Im Juni 2023 wurde bereits das 29. Gipfelbuch mit Anekdoten, Gedichten und Sprüchen gefüllt – in vielen Sprachen, unter anderem auf Deutsch, Englisch und Französisch – und natürlich auf Kölsch!

FAZIT: MEHR KÖLNER HÖHEN-GLÜCK IST KAUM MÖGLICH!

Hin & weg: Je nach Startpunkt (Empfehlung: Zum Sonnenberg, 50259 Pulheim-Dansweiler).

Beste Zeit: Frühling.

Dauer: 2–3 Std.

Ausrüstung: Gutes Schuhwerk, Wasserflasche. Picknick, wenn man länger am Gipfel bleiben mag.

Übrigens: GPX-Download auf Seite 229.

HUBERT HOCHHUT SUCHEN

 ... in der Wahner Heide 

Arbeiten müssen die Kölner zwar, das hat ihnen die Frau des Schneiders eingebrockt, die die Heinzelmännchen vertrieb. Den Feierabend aber dürfen sie in vollen Zügen genießen. Bei einem Ausflug in die Wahner Heide gelingt dies besonders gut!

#ErbsenamKopf #ErbsenimTopf #Farbenmeer #SandausderEiszeit

Man wird kaum einen Kölner finden, der die Heinzelmännchen und ihre Geschichte nicht kennt. Reminiszenzen an sie sind über das gesamte Stadtgebiet verteilt. Besonders schön ist der zentral gelegene Heinzelmännchenbrunnen. Was wurde in Köln nicht alles nach den guten Hausgeistern benannt – vom Hotel über eine Grundschule bis hin zu diversen Unternehmen. Bücher über die sympathischen Gesellen werden regelmäßig in zig verschiedenen Sprachen neu aufgelegt. Zu schön ist für viele aber auch die Vorstellung, dass einem des nachts unliebsame Arbeiten abgenommen werden. Pech nur, dass diese Art der Arbeitserleichterung schon vor längerer Zeit ihr Ende fand. Schuld war eine kleine grüne Hülsenfrucht – oder besser gesagt die Frau, die die Erbsen ausstreute, damit die Heinzelmännchen darauf ausrutschen sollten und sie sie betrachten konnte.

Erbsen spielen auch bei Hubert Hochhut beziehungsweise Huppet Huhhot eine Rolle. Auch er ist Kölner, allerdings längst nicht so bekannt und schon gar nicht so beliebt wie die Heinzelmännchen. Vielleicht liegt es daran, dass der Kölner Gnom nicht als hilfsbereit und liebenswert gilt, sondern ganz im Gegenteil den Ruf genießt, frech und unverschämt zu sein. Im Haus der Familie Pütz soll er seinen Schabernack getrieben haben: Er kniff die Mägde, ließ die Schweine frei und pustete in die Glut, bis es staubte. Bei Goswin Peter Gath in »Kölner Sagen« heißt es jedoch, dass er dies nur dann täte, wenn man vergessen hätte, ihm seine Abendspeise hinzustellen. Ansonsten verhielte er sich hilfsbereit wie ein Heinzelmännchen. Eine seiner Lieblingsbeschäftigungen war es, mit Erbsen zu werfen. Irgendwann riss der Familie der Geduldsfaden und sie versuchten, sich des kleinen Männleins mit dem

Am Biotop an der ehemaligen Panzerwaschanlage wimmelt es von Libellen, Molchen und Teichfröschen. Aber auch Ringelnattern fühlen sich hier wohl.

hohen Hut zu entledigen. Das gelang allerdings nicht auf Anhieb. Schließlich ließ er sich von einem Geistlichen in die Wahner Heide geleiten. Dort soll er bis heute umhergeistern und Wanderer mit Erbsen bewerfen.

Abgesehen von dieser kleinen Widrigkeit ist ein Feierabend-Ausflug in die Wahner Heide eine unbedingte Empfehlung. Die Wahner Heide ist so großflächig, dass man sich hier so manchen Abend verschönern kann. Ob man wandert, sich einer der Führungen durch das artenreichste Naturschutzgebiet der Region anschließt, an der Querwindbahn landende Flugzeuge betrachtet, im Frühling den gelb blühenden Ginster und im Sommer den Blütenteppich aus violett blühender Besenheide bewundert, an asiatischen Wasserbüffeln, Ziegen, Eseln und Tümpeln voller Frösche vorbeischlendert. Insgesamt 700 bedrohte Pflanzen- und Tierarten kommen in der Wahner Heide vor. Nicht nur wegen des polternden Kölner Gnoms sollte man die Wege tunlichst nicht verlassen. An das strikte Wegegebot sollte man sich nicht nur aus Gründen des Naturschutzes halten, sondern auch aus Eigeninteresse – die Wahner Heide war ehemals ein Truppenübungsplatz und für Teile gilt ein absolutes Betretungsverbot aufgrund von Munitionsbelastung. Die mit überdimensionalen Streichhölzern – Holzpfähle mit rotem Kopf – markierten Wege sind sicher. In einem der Gastronomiebetriebe werden versöhnliche Töne angeschlagen – vielleicht sogar mit Herrn Hochhut. Mit einer echt rheinischen Ähzezupp aus von ihm bereitgestellten Erbsen sollte das gelingen.

FAZIT: EINE BEEINDRUCKENDE TIER- UND PFLANZENWELT, ZU DEREN SCHUTZ MAN BEITRAGEN SOLLTE!

Hin & weg: Je nach gewünschtem Startpunkt. Parkplätze gibt es z. B. bei Gut Leidenhausen (Hirschgraben, 51145 Köln) oder am Mauspfad, 53842 Troisdorf.

Beste Zeit: Sommer.

Dauer: 2–3 Std.

Ausrüstung: Getränke, gutes Schuhwerk, Kopfbedeckung, ggf. Sonnenschutz.

GARTEN-GLÜCK IN DER GROßSTADT

... im Gemeinschaftsgarten in Bayenthal

Begonnen hat es 2011 mit einem Smartmob: Bürger kamen mit Blumen in Töpfen, Bäumen in Kübeln und Paletten voller Kräuter und setzten die ersten grünen Punkte auf eine Brachfläche. Heute taucht man ein in ein wahres Garten-Idyll.

#Waldgarten #dasistdergrüneDaumen #derschütteltdiePflaumen

Die Hochbeete werden von den NeuLand-Mitgliedern selbst gebaut. Eine detaillierte Anleitung zum Bau der Pflanzkisten findet man auf der Webseite des Vereins.

Typisch kölsch wurde der dickste hier geerntete Kürbis »Dicker Pitter« getauft. Fernsehkoch Björn Freitag ist an diesem Ort seiner Profession nachgegangen, das Team des ARD-Morgenmagazins war da, Grundschulklassen wurden in die Geheimnisse des Gärtnerns eingeweiht, es wurde Musik gemacht, Salsa getanzt und sehr viel roter Tennisplatzsand verteilt. Es wurde geschwitzt, gelacht und auch mal debattiert. Die Initiatoren haben sich inspirieren lassen von der »Essbaren Stadt« Andernach, von der städtischen Landwirtschaft in Havanna und vom Berliner Prinzessinnengarten.

NeuLand, im Jahr 2011 auf einer riesigen Brachfläche im Kölner Süden entstanden, ist ein Kölner Urban-Gardening-Projekt der ersten Stunde. Nun zieht der mobile urbane Garten an einen anderen Standort – und hier wird NeuLand wieder eine Vorreiter-Rolle übernehmen. In einem noch zu gestaltenden Teil des Inneren Grüngürtels, an der Koblenzer Straße 15, soll der zur festen Adresse gewordene

Der NeuLand Gemeinschaftsgarten bringt ein Stück Landleben in die Großstadt.

Gemeinschaftsgarten neu und nach Waldgarten-Prinzipien wieder erblühen. Das neuartige Konzept wird derzeit in Berlin und Kassel getestet, im Bundesprogramm Biologische Vielfalt, mit Mitteln des Bundesumweltministeriums. Der Waldgarten hebt urbanes Gärtnern auf eine neue Stufe. Den Entstehungsprozess kann man mitverfolgen und, wenn man möchte, auch mitgestalten. Die frühzeitige Einbeziehung interessierter Menschen ist ein Grundpfeiler der Waldgarten-Idee und spielt unter anderem für die Akzeptanz eine wichtige Rolle. Der Vorteil in Köln liegt darin, dass die Betriebsstrukturen bereits vorhanden sind. Viele der Gärtnernden sind im gemeinnützigen Verein Kölner NeuLand e. V. organisiert (www.neuland-koeln.de); aber auch Nicht-Vereinsmitglieder kennen sich untereinander und durch ihr gemeinsames Hobby haben sich viele neue Freundschaften gebildet. Ein weiterer Vorteil ist, dass das Kölner Modell bei der Pflanzenbeschaffung nicht bei null starten musste. Ein großer Teil der Pflanzen, die am alten Standort angezogen wurden, ist mit umgezogen. Aufwendig wurden sie 2023 in gepolsterte, transportfähige Pflanzkästen gesetzt und später, nach der Setzung des neuen Bodens am neuen Standort, vorsichtig in den zuvor dafür bereiteten Boden gesetzt. Ein Waldgarten soll ein auf Dauer angelegter urbaner Garten sein; das ist mit dem neuen Standort gegeben. Für den alten Standort hat das nie gegolten: Hier war immer klar, dass die Nutzungsdauer begrenzt sein wird. Besonders im Hinblick auf den Klimawandel sind Konzepte wie diese von großer Bedeutung. Sie können aber auch im sozialen Bereich viel leisten, die Stichworte dabei sind Zusammenhalt und Umweltbildung durch gemeinsame Lernprozesse. Darüber hinaus soll ein Waldgarten in

Im Austausch mit anderen kann man hier lernen, wie Anbau und Selbstversorgung funktionieren.

der Stadt Lebensräume für Tiere schaffen, den lokalen Wasserrückhalt verbessern, die lokale Wasserverdunstung erhöhen und somit die Umgebung kühlen; also insgesamt einen positiven Beitrag zum Stadtklima leisten.

Es wird spannend sein zu beobachten, wie sich der essbare Teil des Grüngürtels, dieser offene Naturerlebnisraum in der Stadt, entwickeln wird. Im besten Fall werden die Kölner bereits auf Erfahrungen aus Kassel und Berlin zurückgreifen können, eine Wissensplattform ist geplant. Aktuell kann man sich vor allem um die Pflanzen kümmern. Sollte der Waldgarten in Köln erfolgreich anwachsen, wäre das ein Meilenstein in Hinblick auf Klimaschutz und ökosoziales Grün. Mal sehen, ob bald auch wieder Feste gefeiert werden und eine Bar mit Bezahlung auf Vertrauensbasis entsteht.

FAZIT: HIER SPRIEẞT DIE KÖLNER INNOVATIONSFREUDE, DANK ZAHLREICHER ENGAGIERTER MENSCHEN.

Hin & weg: Haltestelle Bonntor/Bonner Wall.

Beste Zeit: Von der Aussaat bis zur Ernte.

Dauer: Bis der grüne Daumen Muskelkater bekommt!

Ausrüstung: Gartenhandschuhe, ggf. Sonnencreme und -hut.

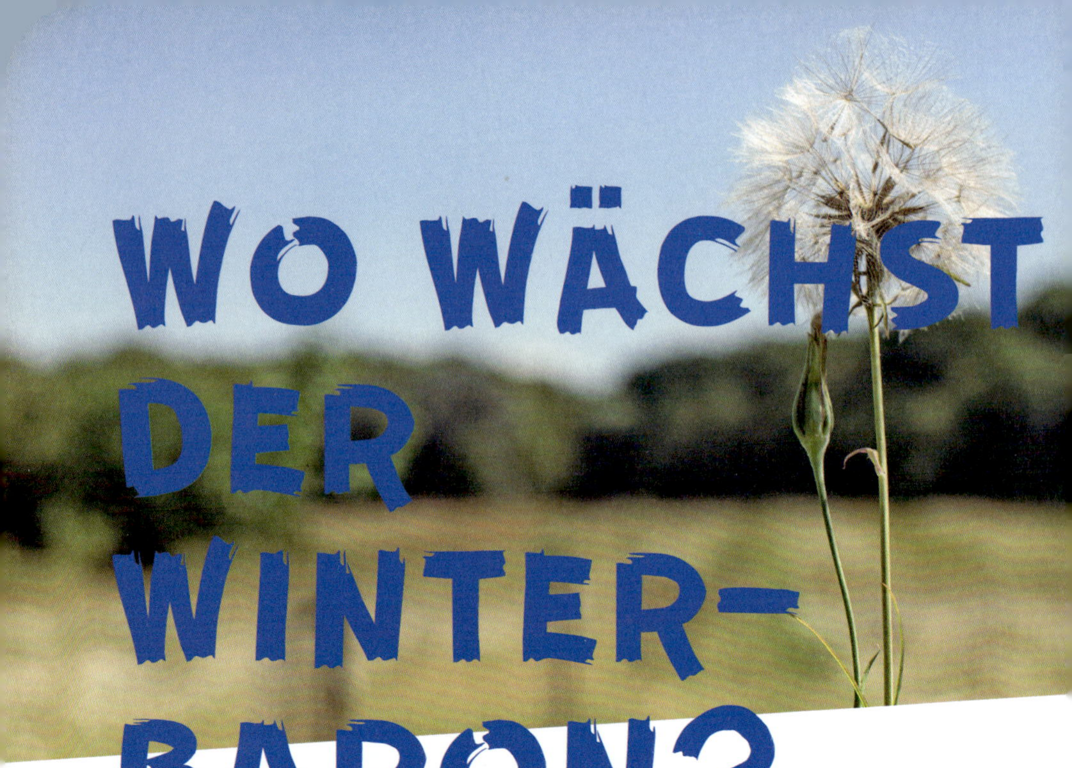

WO WÄCHST DER WINTER-BARON?

... im Bergheimer Dreieck

#49

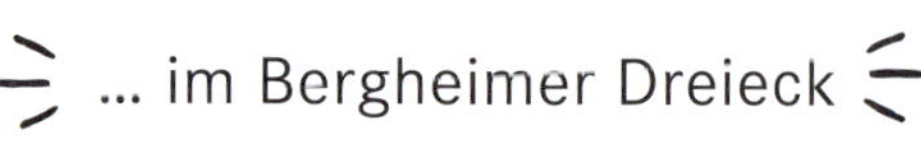

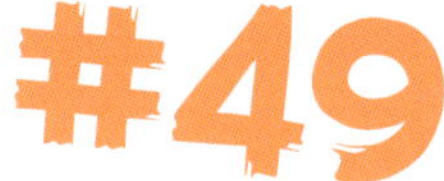

Im Bermudadreieck verschwinden Dinge – im Bergheimer Dreieck tauchen sie wieder auf. Hier ist eine Sortenerhaltungskultur entstanden, ein lebendes Archiv aus seltenen alten Obstsorten. Ein Besuch lohnt sich.

#Pomologie #Baumfrucht #GöttinderGartenfrüchte

Auch die Grünflächen rund um den Bergheimer Weg laden zum Verweilen ein. Der Nordpark zum Beispiel liegt in unmittelbarer Nähe.

→ Abenteuer in Sicht

Das Rheinische Seidenhemdchen kann man nicht überstreifen – höchstens herzhaft hineinbeißen. Die Apfelsorte ist eine der regionalen Sorten, die auf der dreieckigen Fläche gepflanzt wurden, damit sie nicht aussterben. Auch Hesselmanns Schlotterapfel würde unweigerlich dieses Schicksal treffen, gäbe es keine Initiativen zur Sortenerhaltung. Das Konzept für die Erhaltungskultur hat die Biologische Station Leverkusen-Köln für Köln ausgearbeitet. Die Umsetzung wurde 2021 vom Kölner Stadtrat beschlossen. Das Gemeinschaftsprojekt von Stadt Köln und Biologischer Station wird durch die Kölner Grün Stiftung und die Jüdische Liberale Gemeinde Gescher LaMassoret e. V. finanziert. Der An-

Noch sind die rund 160 angepflanzten Obstbäume ganz klein.

blick der rund 160 Apfel-, Birnen-, Kirsch- und Pflaumenbäume, allesamt historische Kulturobstsorten mit Bezug zum Rheinland und seinen Nachbarregionen, ist besonders im Sommer schön, wenn rundherum Sommerblumen weiß und gelb blühen.

Auch an anderen Stellen in Köln wurden Streuobstwiesen mit dem Ziel des Sortenerhalts angelegt. Die Allee der vergessenen Birnensorten im Landschaftsschutzgebiet Nüssenberger Busch gehört ebenfalls dazu. Diese dezentral organisierten Teilsammlungen im gesamten Kölner Stadtgebiet sind Teil des Obst-Arboretums Köln. Bereits 1988 wurde bei Gut Leidenhausen eine Obstwiese mit alten, ehemals im Rheinland heimischen Obstsorten angelegt. Hier stehen neben den alten Obstsorten auch die Wildformen der Obstbäume.

Über einen in die Wiese gemähten Rundweg kann die große Wiese am Bergheimer Weg erschlossen werden. Dabei fallen an einigen Bäumen Widmungsschilder auf. Sie wurden Menschen gewidmet, die den Stiftern der Bäume viel bedeutet haben. Analog zur Idee der »Kinder- und Hochzeitswiesen« ist hier eine »Erinnerungswiese« entstanden. Historische Obstsorten sollen lebendig bleiben und die Erinnerung an geliebte Menschen soll es ebenfalls – ein schöner Gedanke. Kleine Mengen des reifen Obstes dürfen für den Eigenbedarf geerntet werden, wenn die Sorten in den Ertrag kommen; es gilt die »Ein-Beutel-Regel«.

An den Bäumen hängen Tafeln mit den Namen der Obstsorten. Teils sind auch Widmungsschilder befestigt.

Die Bäume dürfen dabei nicht beschädigt werden, es muss baumschonend geerntet werden. Eine spannende Erfahrung, diese Obstsorten zu probieren, die man in keinem Supermarkt mehr findet. Die Wiese erfüllt auch einen Bildungsauftrag – damit nachfolgende Generationen sich noch an dem Wissen erfreuen können, dass der Blaue Kölner nicht lediglich jemand ist, der zu ausschweifend Karneval gefeiert hat. Spaß haben kann man mit den anderen lustigen und teils kuriosen Namen wie Geisepitter, Gelbe Schafsnase oder Goldschwänzchen. Über einen QR-Code an den Namensschildern gelangt man zu kurzen Sortenbeschreibungen, die über Herkunft, Namen und Aussehen informieren – und natürlich ihren Geschmack.

FAZIT: BLAUER HIMMEL, BUNTE BLUMEN, GRÜNE BÄUME!

Hin & weg: Haltestelle Paul-Reifenberg-Straße.

Beste Zeit: Sommer.

Dauer: 1–2 Std.

Ausrüstung: Ein joter Jutebeutel.

MILLIARDEN JAHRE AN EINEM ABEND

... auf dem Kölner Evolutionsweg in der Neustadt-Süd

Die ständige Bewegung, die allem innewohnt, wird durch das Abgehen des Kölner Evolutionsweges sehr schön versinnbildlicht. Mal ging es langsamer, mal schneller, doch immer entwickelte sich etwas Neues.

#Urknall #Dinosaurier #Pyramiden

→ ABENTEUER IN SICHT

Der Kölner Evolutionsweg erklärt die Geschichte der Erde seit ihrer Entstehung: 4,6 Milliarden Jahre auf 460 Metern. »Der Urknall liegt noch fast einen Kilometer weiter zurück in der Südstadt, aber da gehen wir jetzt nicht hin!« So beginnen die kostenlos angebotenen Führungen über den Kölner Evolutionsweg, und den Teilnehmenden zaubert dieser Einstieg das erste Lächeln aufs Gesicht. Am Anfang passiert alles sehr langsam, die Tafeln mit den anschaulichen Bildern und den kurzweiligen Texten stehen weit auseinander. Je weiter man voranschreitet, desto rasanter vollzieht sich die Entwicklung, und desto näher stehen sie dementsprechend aneinander. Ob man die Entwicklung der ersten Milliarden Jahre als langweilig bezeichnen möchte, ist Ansichtssache; entscheidend waren sie in jedem Fall. Die Ursuppe brodelte vor sich hin und es regnete 40 000 Jahre lang am Stück. Bei dem Wetter hätte man keinen Hund vor die Türe gejagt – aber dafür hätte es ihn und die Tür auch zunächst geben müssen. Es muss erwähnt werden, dass die Schilder als

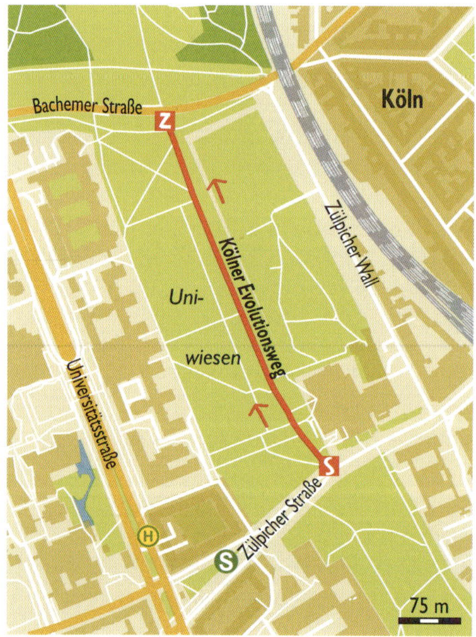

Kumulationsstellen zu verstehen sind, alles entwickelt sich über einen Zeitraum, nicht an einem Zeitpunkt.

Spätestens seit der Lektüre von Otfried Preußlers »Der kleine Wassermann« sind Kinder vertraut mit dem Fisch namens Neunauge. In der Geschichte lehrt er den kleinen Wassermann das Fürchten, der Autor spielt mit der irreführenden Namensgebung. Was die Kinder dabei nicht über den Fisch erfahren ist, dass zu den letzten Vertretern der Kieferlosen zählt. Einige Arten, so wie auch das Neunauge, sind noch heute lebende Zeugen einer längst vergangenen Zeit. Ähnlich ist es beim Schnabeltier, das zu den Kloakentieren zählt. Erfolgreichere Konzepte haben ihres verdrängt, und doch gibt es sie noch. Man begegnet hier auch den Sauriern, welche aber den Einschlag eines

Direkt neben den Uniwiesen erklären die Tafeln des Evolutionswegs auf nur 460 Metern Länge die Entwicklung des Lebens auf der Erde.

Meteoriten auf der Erde mit seinen gravierenden Folgen nicht überlebt haben. Bei den Führungen wird eine Vorstellung davon vermittelt, wie sich Leben auf der Erde entwickelt hat – auch mithilfe von Neunauge und Schnabeltier. Natürlich ist es ebenso möglich, sich den von der Giordano-Bruno-Stiftung angelegten Weg selbstständig zu erschließen.

Dieser Weg verbindet auf wunderbare Weise das Angenehme mit dem Nützlichen: Auffrischung des möglicherweise verschütteten Wissens aus Schulzeiten und gleichzeitig ein Spaziergang durch die wunderschöne Platanenallee. Der Weg beginnt an der Zülpicher Straße, neben der Uni-Mensa, führt vorbei am Hauptgebäude der Universität mit ihrer künstlerisch gestalteten goldfarbenen astronomischen Uhr, die neben der Zeit die Mondphasen und Planetenstellungen anzeigt. Und so vermittelt der Weg ein Gefühl für die Zeit, die Entwicklungen gebraucht haben; mithilfe von Entfernungen wird ein unvorstellbar großer Zeitraum etwas greifbarer. Etwas weniger als einen halben Millimeter auf diesem 460 Meter langen Weg, also etwa die Dicke eines Bleistiftstriches, nimmt ungefähr der Zeitraum seit der Entstehung der ägyptischen Pyramiden bis heute ein. Am Ende lernen wir, was der Homo sapiens dem Neandertaler voraushatte und warum er sich durchgesetzt hat: Er war unter anderem sehr neugierig. Vielleicht wird es uns in Zukunft ja besser gelingen, mithilfe unserer Neugier die lebensfreundlichen Bedingungen auf unserer Erde zu erhalten.

FAZIT: KURZBESUCH BEI MAMMUT UND WOLLNASHORN – AUSGESTORBEN, ABER NICHT VERGESSEN.

Hin & weg: Haltestelle Universität.

Beste Zeit: Sommer.

Dauer: 1 Std., mit anschließendem Picknick länger.

Ausrüstung: Ein (Kölner) Teller, über dessen Rand man schauen kann (aus dem Picknickkorb, dessen Inhalt man anschließend auf den Uniwiesen genießen kann).

Übrigens: GPX-Download auf Seite 229.

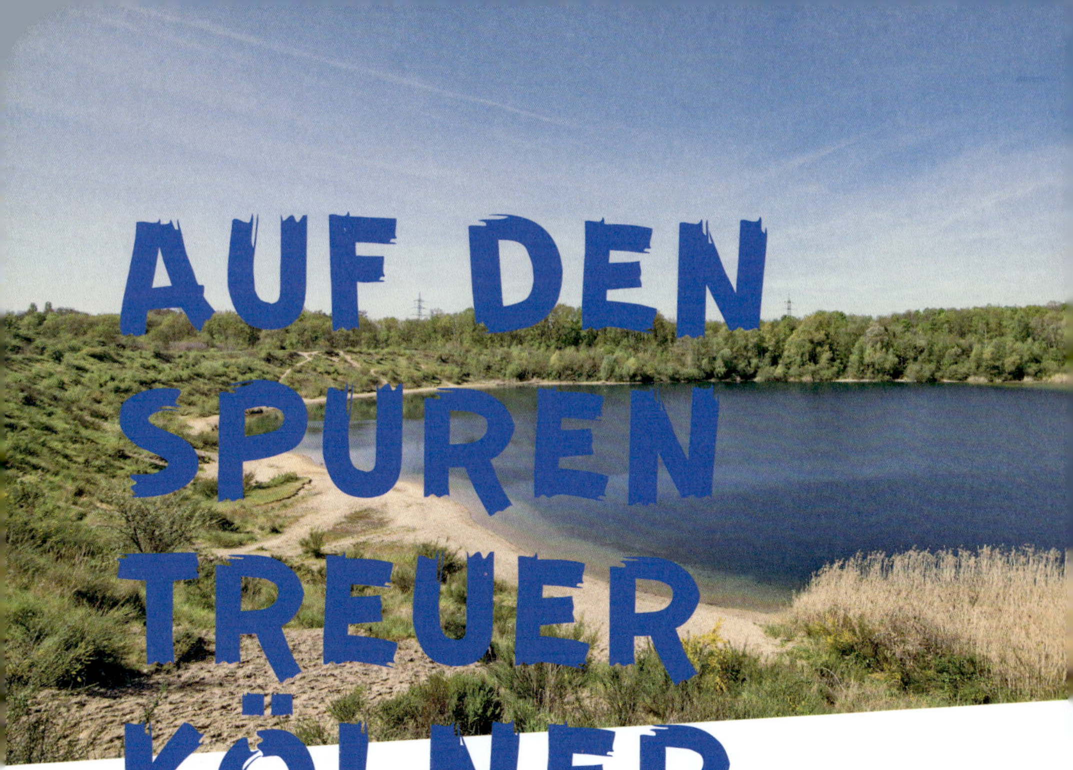

AUF DEN SPUREN TREUER KÖLNER

… im Dünnwalder Wald

#51

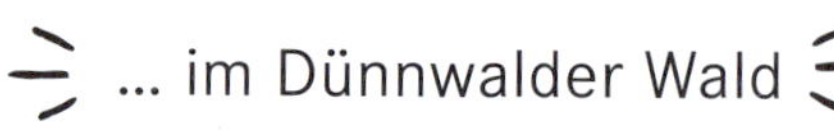

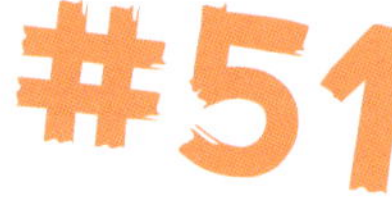

Ist das Tagwerk – oder im Falle der Heinzelmännchen das Nachtwerk – getan, lockt die Ruhezeit. Man munkelt, auch die fleißigen Heinzelmännchen hätten von Zeit zu Zeit die Arbeit niedergelegt und fünfe gerade sein gelassen.

#dasMärchenvonGrünmarielche #HeinrichderWagenbricht #getanesTagwerk

Etwas versteckt steht das Denkmal für den Grinkenschmied an der Westseite des Wupperplatzes. Eine Texttafel erzählt seine Geschichte.

→ ABENTEUER IN SICHT

Ist er das letzte Kölner Heinzelmännchen? In verschiedenen Quellen wird der Grinkenschmied so bezeichnet. Und auch wenn er es nicht sein sollte, er weist gewisse gemeinsame Verhaltensweisen mit den Heinzelmännchen auf. In der Geschichtensammlung von Franz Peter Kürten zeigt er sich als menschenfreundlicher, hilfsbereiter Schmied, der sich nicht gerne sehen lässt. Nach der Vertreibung der Heinzelmännchen soll er es nicht übers Herz gebracht haben, Köln ganz den Rücken zuzukehren. So flüchtete er lediglich über den Rhein, in den an Dünnwald angrenzenden Stadtteil Höhenhaus. Dort richtete er in einer Höhle Am Emberg seine Schmiede ein. Die ansässigen Bauern brauchten ihm nur ihre zu erledigenden Schmiedearbeiten vor die Höhle zu legen und ihn zu bitten, ihnen zu helfen. Am nächsten Tag konnten sie sie abholen, mussten wenig oder gar nichts dafür bezahlen und hatten ein Qualitätsprodukt, an dem sie manchmal sogar lebenslang Freude hatten.

Sie wollten nie aus Köln weg – das hat die Kölsch-Band Miljö gemeinsam mit dem Grinkenschmied. Sie sind allesamt im rechtsrheinischen Köln aufgewachsen und leben noch heute hier. Mit »Schäl Sick« setzten sie ihrer Rheinseite ein musikalisches Denkmal und erzählen ihre Geschichte. Die zahlreichen anderen Lieder mit Köln-Bezug in ihrem Repertoire handeln von ihrer Verbundenheit mit der Stadt, für die sie und so viele andere eine besondere Vorliebe haben. Sie singen auf Kölsch und sagen über sich, dass ihr Herz Kölsch schlägt.

Und so treten sie auch einmal im Jahr an dem Ort auf, an dem sie unbeschwerte Jugend-Sommer-Sonnentage verlebt haben – im Waldbad Dünnwald. Mitten zwischen Bäumen, ausgedehnten Liegewiesen, einem plätschernden Bach und Schwimmbecken singen sie dann ihr »Liebesleed« an Köln. Und zu Köln gehört natürlich auch ihr Stadtteil, ihr Miljö – der Stadt-

»Was kann man besseres tun als den Krieg zu verraten?« steht auf der Stele mitten im Wald. Ein Denkmal für die Opfer der NS-Militärjustiz am ehemaligen Schießplatz Dünnwald.

teil, in dem sie aufgewachsen sind. Miljö ist kölsch und steht für Veedel (auch kölsch) - auf hochdeutsch Milieu oder Stadtteil. In dem kölschen Wort Miljö schwingt aber noch viel mehr mit. Es drückt das Gefühl der Verbundenheit mit einem Ort aus. Mit ihrer Musik fangen die fünf jungen Männer humorvoll und sehr sympathisch das kölsche Lebensgefühl ein. »Noh Huss« würde sicher auch der Grinkenschmied aus vollem Halse mitsingen.

Neben dem Waldbad Dünnwald empfiehlt die Band die Gegend rund um Höhenfelder See und Heideteich als Geheimtipp. Nicht ganz so viel Geheimtipp-Potenzial hat der frei zugängliche Wildpark Dünnwald. Dafür findet man hier Tiere, die man sonst wohl eher selten zu Gesicht bekommt - nämlich Wisente. Wie kamen sie dorthin? Die Legende dazu findet sich auf der Internetseite des Förderverein Dünnwalder Wald und Wildpark e. V. und lautet sinngemäß: Der Kölner Zoo schickte 1970 einige Tiere auf Stadtranderholung. Die Wisente bekamen damals jedoch nur Busfahrkarten für die Kölner Verkehrsbetriebe, daher fuhren sie so weit vom Zoo weg wie möglich und stiegen aus Neugier an der Haltestelle Wildpark aus. Da es ihnen in Dünnwald gut gefiel, blieben sie. Wisente, Miljö, der Grinkenschmied - was so vielen gefällt, kann nicht ganz verkehrt sein. Und so lautet der heiße Tipp für den Feierabend: Erkundungstour rund um die beschriebenen Grünflächen und Wälder. Wer weiß, was man hier sonst noch alles finden kann - zum Beispiel das Naturschutzgebiet Am Hornpottweg, am Nordrand des Dünnwalder Waldes ...

FAZIT: EIN MÄRCHENHAFTER ORT – FÜR ALTEINGESESSENE, IMIS UND TOURISTEN.

Hin & weg: Haltestelle Am Emberg.

Beste Zeit: Herbst.

Dauer: 2–3 Std.

Ausrüstung: Keine Siebenmeilenstiefel. Aber bequeme Schuhe.

Übrigens: GPX-Download auf Seite 229.

VOM ALLTAG ZUM ALL-TAG

Nicht erst seit der Astronaut und Wahl-Kölner Alexander Gerst mit der Maus und dem Elefanten aus der Kölner WDR-Produktion »Die Sendung mit der Maus« im All war, begeistern sich die Kölner für Astronomie und das Weltall. Im Jahr 2022 feierte die Vereinigung der Sternfreunde Köln hundertjähriges Bestehen.

#Sternstunden #Starhopping #roterRieseweißerZwerg

An Karneval sieht man sie schon mal auf Kölns Straßen: Astronauten. Und 2009 war die Volkssternwarte Köln sogar mit einem Mottowagen dabei: Tünnes und Schäl, als Astronauten verkleidet, finden auf dem Mars ein Kölsch-Fässchen. Der flotte Spruch dazu: »Vun wäje Wasser op dem Mars! Schäl, he jitt et Kölsch!« Was auf Hochdeutsch so viel bedeutet wie: »Von wegen Wasser auf dem Mars! Schäl, hier gibt es Kölsch!« Ein grummelig dreinblickendes kleines grünes Männchen mit einer Kölsch-Stange in der Hand ist offensichtlich erbost darüber, dass die Erdlinge seinen Biervorrat gefunden haben. »Himmlisch jeck« war das Karnevalsmotto 2009 und »himmlisch« ist auch die Aussicht von der Kölner Volkssternwarte aus. Zumindest dann, wenn es nicht bewölkt ist. Und wenn ein interessanter Vorgang am Nachthimmel nicht vom Uni-Center verdeckt wird. Die Volkssternwarte war zwar zuerst da, die Einwände der Sternfreunde gegen den Bau des Hochhauses wurden aber nicht erhört. Nichtsdestotrotz kann man hier zum Feierabend im wahrsten Sinne des Wortes seinen Horizont erweitern – genau die richtige Zeit, um die Sterne zu betrachten.

Seit 2012 darf die Volkssternwarte Köln stolz das größte frei zugängliche Teleskop in Nordrhein-Westfalen ihr Eigen nennen, ein 60-cm-Spiegel-Teleskop – voll finanziert aus Spenden weltraumbegeisterter Bürger. Weil aber der Himmel klar sein muss, um ins Weltall hinausblicken zu können – was im Schnitt nur an rund 50 Abenden im Jahr der Fall ist – bieten die Kölner Sternfreunde freitagabends auch Vorträge zu astronomischen Themen an. Dabei reicht das Spektrum von der Frage »Was ist Zeit?« bis hin zu »Schwarze Löcher« oder

Nicht nur der Ausblick ins All ist von der Volkssternwarte aus möglich. Vom Dach des Schiller-Gymnasiums hat man auch einen super Blick auf die Stadt.

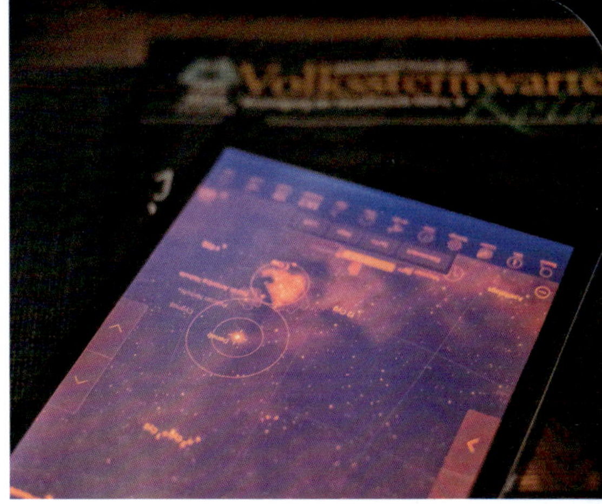

dem geheimnisvollen »Stern von Bethlehem«. Dazu dürfen sie den, mit vereinseigenen und Bezirksmitteln medientechnisch aufgepeppten, Theaterkeller des Schiller-Gymnasiums nutzen, der so regelmäßig Kölns lokales Tor zum Universum wird. Eine Anmeldung ist erforderlich, die Plätze sind sehr begehrt.

Wer zur Kölner Volkssternwarte möchte, der muss zunächst zurück in die Schule – sie befindet sich nämlich auf dem Dach des Schiller-Gymnasiums. Die Treppen hinauf bis ganz nach oben, zum Schluss muss man noch eine kleine Wendeltreppe nehmen, dann steht man in dem kleinen Raum mit dem großen Teleskop. Wenn sich dann knirschend und knarzend der Beobachtungsspalt der Holzkuppel öffnet, ist das bereits ein besonderer Moment. Die Steuerung des Teleskops erfolgt durch ein Computerprogramm. Mit dessen Hilfe kann man es nach der Wunschbetrachtung ausrichten. Und dann ist er da: der Moment, in dem man zum Beispiel einen 1400 Lichtjahre entfernten Stern sieht und sich all die Fragen stellt, die Menschen schon so lange beschäftigen.

Indes schauen die Kölner nicht nur zum Mond – der Mond kommt auch zu ihnen nach Köln! Die im Bau befindliche Mondtrainingsanlage Luna soll unter anderem Astronauten auf ihren Aufenthalt auf dem Mond vorbereiten.

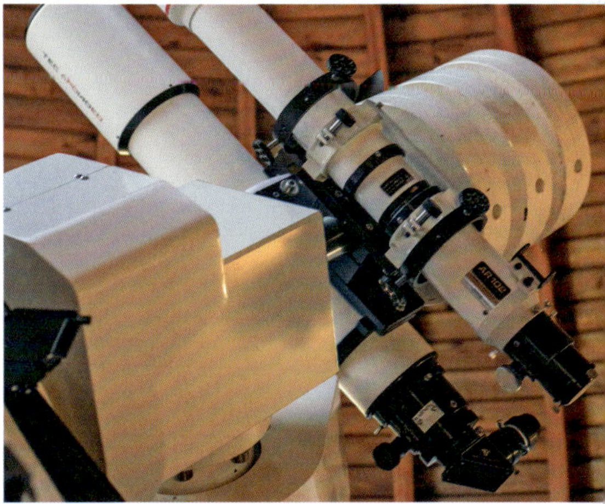

FAZIT: WAS FÜR EIN ABEND, WENN DIE STÄÄNE JOT STONN .

Hin & weg: Haltestelle Weißhausstraße / Haltestelle Köln Weyertal.

Beste Zeit: Herbst.

Dauer: 2–3 Std.

Ausrüstung: Pullover und/oder Jacke, ggf. Schal, Mütze.

SONST NOCH WICHTIG

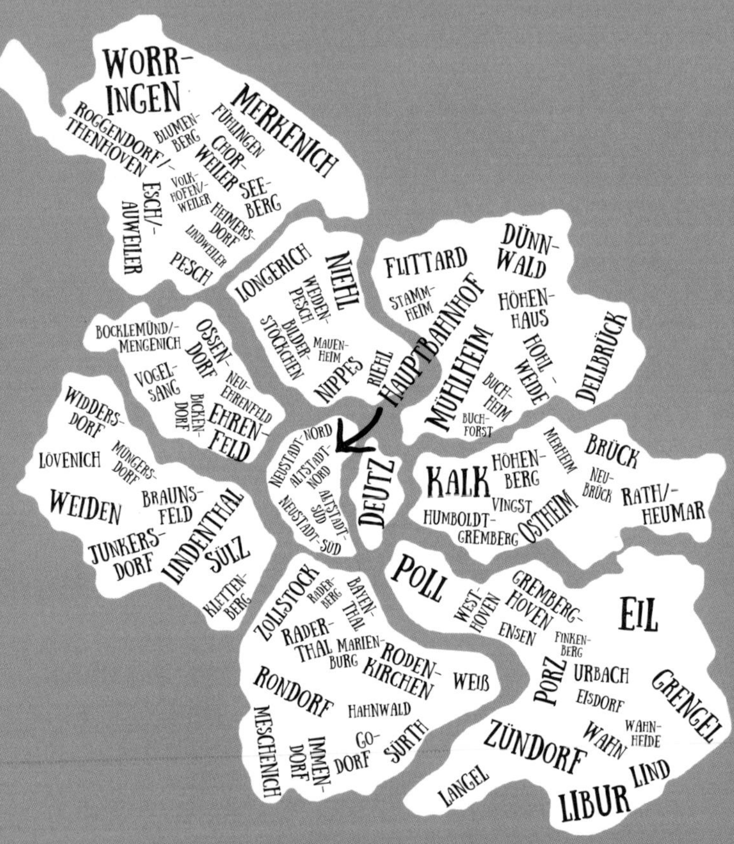

Praktisches & Nützliches

Karten mit allen Eskapaden-Standorten, ein Orte-Register, Touren-Downloads und mehr über die Autorin und ihre besten Tipps gibt's auf den folgenden Seiten.

21
Roggen-dorf
Hasselrather See
57
6
Fühlinger See
Chorweiler
Leverkusen
Wupper
3
1
Odenthal
3
Esch
Escher See
Pescher See
Pulheim
49
36
Flittard
51
Dünnwald
Bergisch Gladbach
Hohenfelder See
5
Rhein
57
37
1
S. NÄCHSTE SEITE
Holweide
35
14
Glessen
46
Dansweiler
Vogelsang
Lövenich
Köln
4
34
45
48
Rather See
11
Königs-forst
4
Frechen
26
42
17
13
39
3
Rösrath
Boisdorfer See
16
61
Hürth
38
25
47
Kerpen
1
Hürther Waldsee
Rhein
59
Flughafen Köln/Bonn
Wahn
Knapsack
555
3 km
9
Köttinger See
Bleib-

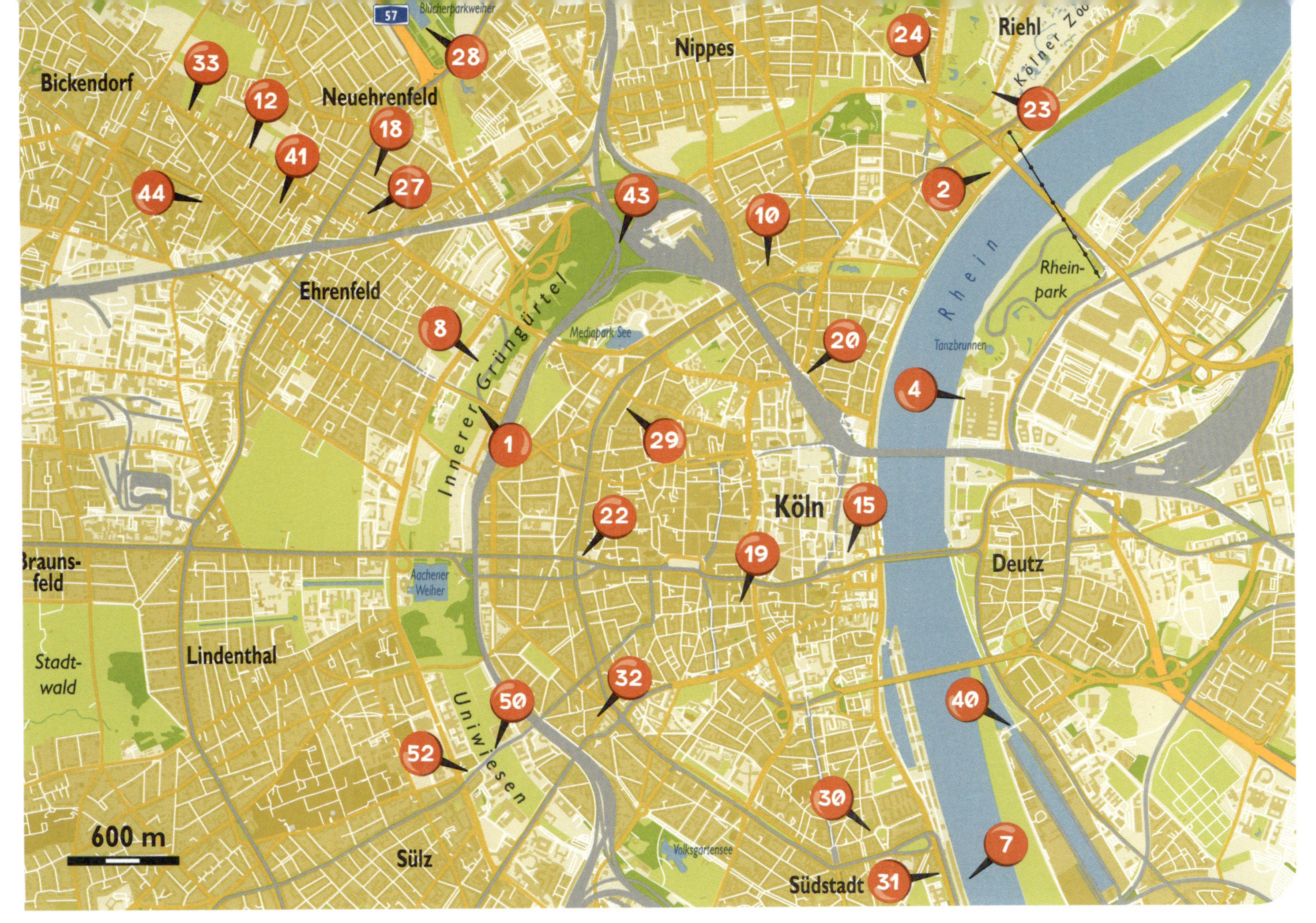

Bickendorf
Blücherparkweiher
57
Neuehrenfeld
Nippes
Riehl
Kölner Zoo
Rhein-
park
Rhein
Tanzbrunnen
Ehrenfeld
Innerer Grüngürtel
Mediapark See
Köln
Deutz
Brauns-
feld
Aachener
Weiher
Lindenthal
Stadt-
wald
Uniwiesen
Sülz
Volksgartensee
Südstadt
600 m
1
2
4
7
8
10
12
15
18
19
20
22
23
24
27
28
29
30
31
32
33
40
41
43
44
50
52

ESKAPADEN-REGISTER …

Alle Orte mit Seitenverweisen

GPX-Download aufs Smartphone – so geht's

Voraussetzung:

Eine Outdoor-App muss installiert sein, z. B. KOMPASS, Outdooractive oder Komoot. Zum Einlesen des QR-Codes benötigen ältere Android-Geräte eine QR-Code-App. Bei neueren Android- und iOS-Geräten ist diese Funktion in der Kamera integriert.

Daten downloaden:

1. Den QR-Code einlesen oder die Webadresse im Browser eingeben, um auf die Eskapaden-Website zu gelangen.
2. Die gewünschte Tour zum Download anklicken.
3. Bei iOS-Geräten werden die GPX-Daten direkt mit der vorab installierten App verknüpft. Bei Android-Geräten muss ggf. noch ein Weiterleiten-Button geklickt werden (z. B. oben rechts im Display). Manche Apps zeigen den Tourverlauf starr an, andere haben eine Navigationsfunktion dabei.

Tourenverlauf

GPX-Daten zum kostenlosen Download www.dumontreise.de/eskapaden/feierabend-koeln

short.travel/f52am

NOCH MEHR FEIERABEND-SPAß ...

ISBN 978-3-616-02807-1

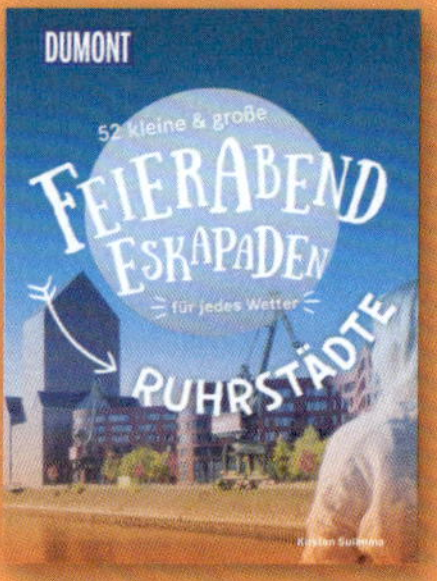

ISBN 978-3-616-02808-8

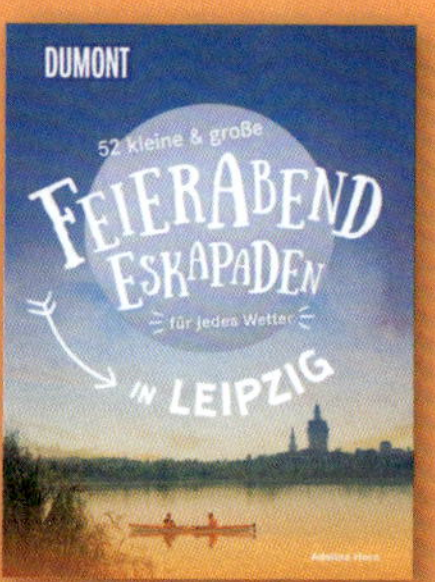

ISBN 978-3-616-02806-4

IMPRESSUM

Reihenkonzept Monique Sorban

Projektmanagement Tamara Siedler

Covergestaltung Tanja Schnurpfeil, Leipzig, www.zebraluchs.de, und Carolin Weidemann, Köln, www.weidemann-design.com

Buchgestaltung & Illustrationen Carolin Weidemann, Köln, www.weidemann-design.com

Lektorat & Produktion Verlagsbüro Wais & Partner (Julia Kant, Bea König), Stuttgart, www.wais-und-partner.de

Text Diana-Isabel Scheffen, Köln

Fotos Sarah Larissa Heuser, Bonn, www.tonlosekunst.de; mit folgenden Ausnahmen: mauritius images/Rcphotostock/Alamy/Alamy Stock Photos (Titelbild), Michèle Lichte (S. 5, 231 l.), mauritius images/Clynt Garnham Sport/Alamy/Alamy Stock Photos (S. 37), Julian Robinet (S. 42 o., 44, 45 l.), Simon Kohm (S. 50 l.), The Good Food (S. 55), Franziska Kohm (S. 162, 169 l.), Tamara Hub (S. 174). Werke der Künstler*innen in den Skulpturenparks: Sou Fujimoto, Garden Gallery, 2011 (S. 15), James Lee Byars, Untitled (Sigmund Freud), 1989 (S. 16) & Mauro Staccioli, Untitled, 1999 (S. 17 o.) © Stiftung Skulpturenpark Köln, 2023. Mit freundlicher Genehmigung der Stiftung Skulpturenpark Köln.

Kartografie © KOMPASS, Innsbruck, unter Verwendung von Kartendaten von © OpenStreetMap-Mitwirkende, Lizenz CC-BY-SA 2.0

Hinweis Alle Informationen wurden mit größtmöglicher Sorgfalt geprüft. Infolge der Corona-Pandemie kann es allerdings zu kurzfristigen Geschäftsschließungen und anderen Änderungen vor Ort gekommen sein.

Printed in Poland

1. Auflage 2024

ISBN 978-3-616-02805-7

www.dumontreise.de

DIANA-ISABEL SCHEFFEN

… über die Autorin

Diana schreibt mit viel Herz über ihre Heimat und hat bereits mehrere innovative Reiseführer veröffentlicht. Sie ist zumeist mit dem Rad unterwegs, häufig ist ihre kleine Tochter im Fahrradanhänger dabei. So erkundet sie Köln und Umland und ist manchmal selber erstaunt, dass sie nach so vielen Jahren der Recherche immer noch neue und aufregende Orte entdeckt. Für sie ist der Kontakt zu den Menschen vor Ort besonders wichtig, denn sie gestalten die Region und tragen zu ihrem unverwechselbaren Charakter bei. Ihr Wunsch ist es, dass Menschen mit diesem Buch ihre Heimat neu- und wiederentdecken.

SARAH LARISSA HEUSER

… über die Fotografin

Schon als Kind hat es Sarah große Freude bereitet, Streifzüge durch die nahegelegene Natur zu machen. Der Spaß an der Erkundung neuer Orte ist ihr bis heute geblieben, doch ihr Radius hat sich vergrößert. Nachdem es sie als geborene Rheinländerin zeitweise ins Ruhrgebiet und nach Berlin verschlagen hat, ist Sarah mittlerweile wieder zurück in der Region und lernt Köln samt Umgebung seitdem von einer ganz neuen Seite kennen. Um sich von ihrer Arbeit als Fotografin zu erholen, ist ihr ein Abstecher ins Grüne besonders willkommen. Auf www.tonlosekunst.de kann man sich ihre Arbeiten anschauen.

Schnell runterkommen

Eskapade #25: Mitten im Grünen, zwischen Pfauen, Kuchenbäumen und Rhododendren, fast versteckt unter einer hochaufragenden Kaschmir-Zypresse auf einer Bank, auf der man auch bei Regen trocken bleibt – das ist Entspannung pur.

Über den Tellerrand schauen

Eskapade #34: Der Wald der Zukunft wird anders aussehen als der heutige. Das Waldlabor ist ein Forschungsfeld an der frischen Luft, das Wald neu denkt und den Blick schärft für die Veränderungen in unserer Umwelt.

ENDLICH FEIERABEND! UND NUN?

Ruhe finden

Eskapade #32: Stadtoasen zu finden ist schwierig im geschäftigen Trubel. Ein Geheimtipp ist der Garten der Religionen, der mit sprudelndem Brunnen, Bäumen, Blumen und Bänken zur Kontemplation einlädt.

Leute treffen

Eskapade #22: Zum Feierabend-Markt meet & eat auf dem Rudolfplatz muss man sich nicht mehr verabreden; er steht als Jour fixe im Kalender. Gemeinsam genossene Gaumenfreuden sind garantiert.

Raus aus der Komfortzone

Eskapade #4: Eine Brücke zu erklimmen erfordert etwas Mut. Mit dem richtigen Kletterpartner und einer ordentlichen Sicherung ein Stadt-Abenteuer, das seinesgleichen sucht.